상상 초월
포켓몬
과학 연구소

②

야나기타 리카오 **글**
히메노 가게마루 **그림**
정인영 **옮김**
포켓몬주식회사 **협력**

포켓몬과 과학 공부의 신기한 관계

독자 여러분 덕분에 《상상초월 포켓몬 과학 연구소 ①》이 좋은 반응을 얻어 이렇게 2권도 나오게 되었다. 1권이 나온 마당에 혹시나 2권이 못 나오면 어쩌나 걱정했는데 기쁘고 감사할 따름이다.

독자들의 의견과 감상 중 2위로 많았던 것은 '2권에서는 더 많은 포켓몬을 소개해 달라'는 내용이었다. 더 많은 포켓몬이라니!? 1권에서 포켓몬을 34마리나 다루었는데 더 많이 소개하라고? 독자들의 의견을 따라 많은 종류의 포켓몬을 소개하려고 노력했지만, 하고 싶은 얘기가 많다 보니 결국 2권도 34마리만 실리게 되었다.

그럼 독자 의견 1위는 무엇이었을까?

'포켓몬이 이렇게 과학 공부가 된다니 깜짝 놀랐다'는 내용이었다. 독자 여러분, 저도 그 의견에 절실히 동감한답니다!

포켓몬의 능력과 특징을 생각하다 보면 학교에서 배우는 과학 수업의 내용과 점점 연결된다. 2권도 마찬가지다. 아니, 오히려 규모가 더 커졌다. 예를 들면 다음과 같다.

마폭시가 3,000℃의 뜨거운 불꽃을 일으키면, 열이 방출되는 열복사 현상으로 인해 엄청난 규모의 열이 주위로 전달되어 사태가 심각해지지 않을까?

두 개의 촉수로 전기를 흘려 보내는 초라기의 능력을 수업에서 배운 '전지 연결'의 개념을 이용해 보면, 촉수를 어떻게 연결하느냐에 따라 공격의 위력도 바뀌지 않을까?

포켓몬을 생각하는 것만으로도 공부가 되다니 대단하다!

물론 포켓몬의 능력과 특징 중에는 과학 수업의 범위를 넘어서는 것도 있다. 우리는 물질이 온도가 높아지면 고체→액체→기체 순으로 형태가 바뀐다는 사실을 공부하기 위해, 물은 100℃에서 끓고 0℃에서 얼음이 된다고 배운다. 그러나 마그카르고의 체온은 10,000℃, 레지아이스가 뿜어내는 냉기는 -200℃다! 차원이 전혀 다르다.

하지만 그렇다고 해서 과학적으로 틀린 이야기라는 뜻이 아니다. 오히려 신선하고 인상적이다. 포켓몬의 놀라운 능력을 상상하는 건 마치 머릿속에서 실험을 하는 것 같다.

자, 사랑스러운 포켓몬과 함께 과학의 재미 속으로 여행을 떠나 보자.

- 공상과학연구소 소장
  야나기타 리카오

차례

포켓몬과 과학 공부의 신기한 관계 ──────────── 2

이 책을 읽기 전에 ──────────────────── 10

- 잠수포켓몬 루기아에게 지구과학을 배우자
  **루기아의 날갯짓으로 발생한 폭풍우는
  40일 동안 계속된다는데, 가능한 일일까?** ──── 12

- 요괴고양이포켓몬 나옹에게 생물을 배우자
  나옹은 왜 반짝이는 동전을 좋아할까? ──────── 18

- 희망사항포켓몬 지라치에게 생물을 배우자
  **1,000년에 한 번 잠에서 깨는 지라치,
  그렇게 오래 자도 괜찮을까?** ─────────────── 24

- 용암포켓몬 마그카르고에게 지구과학을 배우자
  ### 마그카르고의 체온은 무려 10,000℃, 지구에서 가장 체온이 높아! —— 30

- 안테나포켓몬 데덴네에게 물리를 배우자
  ### 전파를 이용해서 동료와 통신하는 데덴네, 어떤 정보를 교환할까? —— 36

- 풍요포켓몬 랜드로스에게 생물을 배우자
  ### 랜드로스가 바람과 천둥으로 대지를 풍족하게 하는 원리는 무엇일까? —— 42

- 신설포켓몬 글레이시아에게 생물을 배우자
  ### 얼린 털을 날려 무기로 쓰는 글레이시아, 그래도 괜찮을까? —— 48

- 여우포켓몬 마폭시에게 화학을 배우자
  ### 3,000℃의 불꽃 소용돌이를 조종하는 마폭시, 그 위력은 어떨까? —— 54

- 아귀포켓몬 초라기에게 물리를 배우자
  ### 두 개의 촉수에서 전기를 흘려 보내는 초라기에게 추천하는 공격법은? —— 60

- 별포켓몬 별가사리에게 생물과 지구과학을 배우자
  몸을 재생시키고 별과 교신하는 별가사리의 핵. 두 능력은 무슨 관계일까? ──── 66

- 냉동포켓몬 프리져·전기포켓몬 썬더·화염포켓몬 파이어에게 지구과학을 배우자
  프리져. 썬더. 파이어가 모이면 어떤 일이 일어날까? ──── 72

- 빙산포켓몬 레지아이스에게 화학을 배우자
  -200°C의 냉기를 다루는 레지아이스. 세계가 멸망할지도 몰라! ──── 82

- 레슬링포켓몬 루차불에게 물리를 배우자
  하리뭉과 막상막하로 싸우는 루차불. 무시할 수 없는 레슬링 실력! ──── 88

- 태양포켓몬 해루미에게 생물을 배우자
  햇빛으로 만든 양분으로 활발히 움직이는 해루미. 에너지가 부족하지 않을까? ──── 94

- 옛날거북포켓몬 프로토가에게 지구과학을 배우자
  고대 화석에서 부활했다는 프로토가. 1억 년의 화석 생활은? ──── 100

- 무한포켓몬 라티아스에게 물리를 배우자
  ### 빛을 굴절시켜 모습을 바꾸는 라티아스의 깃털 —————— 106

- 박치기포켓몬 램펄드에게 생물을 배우자
  ### 두개골이 두꺼워 뇌가 작은 램펄드, 힘들지 않을까? —————— 112

- 드릴포켓몬 코뿌리에게 지구과학을 배우자
  ### 다이아몬드 원석을 부수는 코뿌리의 뿔은 얼마나 단단할까? —————— 118

- 물쥐포켓몬 마릴에게 생물을 배우자
  ### 마릴의 둥근 꼬리는 수영 튜브 대신이라는데, 어떻게 사용하면 될까? —————— 124

- 섬광포켓몬 꼬링크에게 물리를 배우자
  ### 근육을 늘였다 줄여서 전기를 만드는 꼬링크 —————— 130

- 성난원숭이포켓몬 발바로에게 생물을 배우자
  ### 기운이 펄펄! 1초도 가만히 있지 못하는 발바로의 일상 —————— 136

- 열화포켓몬 파이어로에게 생물을 배우자
  **시속 500km의 속도로
  상대를 습격하는 파이어로의 위력은?** —— 142

- 돌뱀포켓몬 롱스톤에게 생물을 배우자
  **땅속을 시속 80km로 파 들어가는 롱스톤이
  실제로 존재한다면?** —— 148

- 요정포켓몬 픽시에게 물리를 배우자
  **1km 앞에 떨어진 바늘 소리도 들린다는 픽시.
  귀가 얼마나 밝을까?** —— 154

- 밥통포켓몬 꼴깍몬에게 생물을 배우자
  **꼴깍몬의 몸은 대부분이 위라는데.
  과연 괜찮을까?** —— 160

- 별포켓몬 삐에게 지구과학을 배우자
  삐는 왜 별똥별이 많은 밤에 춤을 출까? —— 166

- 하전포켓몬 줄뮤마에게 물리를 배우자
  **번개를 맞아 전기를 모으는 줄뮤마.
  위험하지 않을까?** —— 172

- 석탄포켓몬 코터스에게 화학을 배우자
  ### 등껍질에서 석탄을 태우며 살아가는 코터스의 하루하루 —— 178

- 괴력포켓몬 알통몬에게 물리를 배우자
  ### 어른 100명을 내던지는 알통몬의 체력 단련법은? —— 184

- 임금포켓몬 야도킹에게 생물을 배우자
  ### 셀러에게 머리를 물려 똑똑해진 야도킹! —— 190

- 무지개색포켓몬 칠색조에게 물리를 배우자
  ### 칠색조의 깃털이 일곱 빛깔로 반짝이는 비밀 —— 196

- 유전포켓몬 뮤츠에게 생물을 배우자
  ### 뮤츠를 난폭하게 만든 유전자조작이란? —— 202

이 책을 읽기 전에

이 책은 게임 안의 정보를 토대로 '포켓몬스터' 캐릭터의 특징이나 능력을 현실 과학과 비교하여 검증을 시도합니다. 검증 방법과 결과는 저자의 개인적인 의견이며, 포켓몬의 공식 설정이 아님을 밝혀 둡니다. 이 책에서 포켓몬이 등장하는 각각의 게임 소프트웨어 타이틀은 다음과 같이 생략하여 표기하였습니다.

포켓몬스터 블랙 2 포켓몬스터 화이트 2	▶▶	블랙 2　화이트 2 블랙 2 화이트 2
포켓몬스터 X 포켓몬스터 Y	▶▶	X　Y X Y
포켓몬스터 오메가루비 포켓몬스터 알파사파이어	▶▶	오메가루비　알파사파이어 오메가루비 알파사파이어

또한 대표적인 도감 속 정보를 일러스트와 함께 하나씩 소개합니다. 본문 속 설명 인용문에서 게임명이 표시되어 있지 않은 경우는 도감에서 인용한 것입니다.

본문 속 도감 정보는 읽기 쉽도록 저자의 책임 하에 문장부호를 추가하였습니다.

이 책은 필요에 따라 계산 결과를 반올림하였습니다(원칙적으로 숫자는 앞의 두 자리만 남겨 두고 반올림합니다. 예를 들어 1,450m → 1,500m로 계산하며, 0.0362g → 0.036g으로 계산합니다). 따라서 독자 여러분이 본문에 표시된 값과 방법을 사용해 계산해도, 반올림 방식이 달라서 계산 결과에 차이가 생길 수 있습니다. 절대 여러분의 실수가 아니므로 걱정하지 마시길.

참고도서

〈포켓몬스터 블랙 2・화이트 2 공식가이드북 완전포켓몬 전국도감〉
〈포켓몬스터 X・Y 공식가이드북 완전칼로스도감 완성가이드〉
〈포켓몬스터 오메가루비・알파사파이어 공식가이드북 완전전국도감 완성가이드〉

잠수포켓몬 루기아에게 지구과학을 배우자

루기아의 날갯짓으로 발생한 폭풍우는 40일 동안 계속된다는데, 가능한 일일까?

　루기아는 키 5.2m, 몸무게 216kg인 잠수포켓몬이다. 평소에는 깊은 해구 밑바닥에 조용히 잠들어 있지만, 날갯짓 한 번이면 40일 동안 폭풍우가 계속된다고 한다.

　심각한 상황이다. 40일이나 계속되는 폭풍우라니 현실 세계에서는 들어 본 적도 없는 사건이다. 태풍이 발생해서 소멸할 때까지의 평균 기간은 5.3일이며, 가장 긴 기록도 1972

루기아 잠수포켓몬
타입 에스퍼 비행
- 키 5.2m
- 몸무게 216.0kg

▼ 블랙 2·화이트 2

깊은 해구의 밑바닥에서 잠잔다.
루기아가 날개를 치면 40일 동안 폭풍우가
계속된다고 전해진다.

년 태풍 7호 리타(RITA)가 기록한 19일에 불과하다. 무려 40일 동안 폭풍우를 지속시킨다는 루기아의 능력에 대해 생각해 보자.

◎ 폭풍우 때문에 여름방학이 사라진다니!

폭풍우가 40일이나 계속되면 여러 가지로 곤란하다. 농사도 망치고, 교통도 마비되고, 온 세상에 엄청난 피해가 발생할 것이다.

더구나 학생들의 생활에도 막대한 영향을 끼친다. 여름방학 첫날 루기아의 폭풍우가 시작되면 여름방학 내내 폭풍우가 계속된다. 바다도 산도 캠핑도 갈 수 없고, 여름 축제와 불꽃놀이도 중지다. 그리고 폭풍우가 그치면 개학……. 상상만 해도 두렵다.

하지만 생물이 폭풍우를 만들어 낼 수 있을까?

큰 날개를 펄럭여 강한 바람을 불게 하는 것만으로 폭풍우를 일으킬 수는 없다. 잠깐 바람이 일어도 주변의 공기와 서로 충돌해 곧 사라지기 때문이다. 루기아가 날갯짓으로 폭풍우를 일으키려면 40일 동안 쉬지 않고 날개를 펄럭여야 할 테니 너무 고생일 것이다. 폭풍우를 일으키려면 대자연의 힘을 빌려야만 한다.

보통 폭풍은 어떻게 생겨날까? 폭풍은 저기압이나 태풍으로 발생하는 자연현상이다.

저기압은 더운 공기와 찬 공기가 충돌해 발생한다. 더운 공기는 찬 공기 위로 올라가고 더운 공기가 있던 장소는 공기가 줄어들어 주변 공기가 흘러 들어온다. 흘러 들어온 공기는 소용돌이를 만들어 중심부의 공기가 상승해서 차가워진다. 이때 공기에 포함되어 있던 수증기가 물로 변해 강한 비가 내린다. 이것이 바로 저기압이다.

루기아가 날개를 펄럭여 더운 공기를 찬 공기와 충돌시키면, 저기압이 발생할 가능성도 있다. 그러나 저기압의 수명은 7~15일 정도여서 40일 동안 지속시키는 건 불가능하다.

◎ 루기아와 태풍의 합동 작업

그럼, 저기압보다 더 강력한 태풍을 일으킬 수는 없을까?

저기압이 더운 공기와 찬 공기의 충돌로 생기는 데 비해 태풍은 더운 공기만으로도 발생하며, 그 원리는 다음과 같다.

필리핀 같은 열대 지방의 바다 위 공기에는 수증기가 가득하다. 이 수증기가 햇빛을 받으면 따뜻해져 높이 올라간다(상승기류). 공기 중의 수증기는 상공에서 열이 식어 물방울이 되는데 이것이 구름이다.

그리고 이 과정이 가장 중요한데 수증기가 다시 물로 바뀔 때는 열을 방출한다. 이로 인해 공기는 다시 따뜻해져 더 높이 상승하게 된다. 상승기류 아래에서는 주위에서 유입된 공기가 소용돌이를 만든다. 중심부의 공기는 더 상승하며 수증기는 다시 물이 되어 구름으로 변한다. 이때 열이 발생하고 따뜻해진 공기는 다시 상승하는 과정을 되풀이한다.

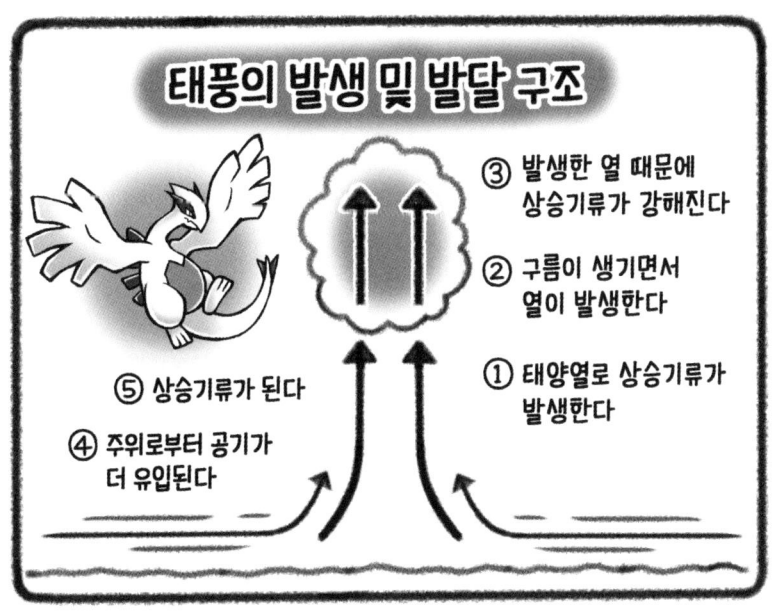

그러니까 일기예보에서 '태풍은 앞으로도 계속 발달해서……' 라고 말할 때는, 이런 과정을 통해 태풍이 점점 커진다는 뜻이다. 루기아가 날개를 펄럭여 따뜻한 바다 상공의 구름을 날려 보내 해수면의 공기가 따뜻해지면 태풍이 발생하기 쉬워진다.

하지만 앞에서 설명했듯이 태풍의 평균수명은 5.3일이다. 태풍은 남쪽에서 북쪽으로 이동하는데, 차가운 북쪽 바다에는 수증기가 조금밖에 없어서 태풍이 새로운 힘을 얻을 수 없다. 제일 긴 태풍도 19일 만에 소멸한 이유다.

그렇다면 폭풍우를 40일이나 지속시키는 건 무리일까? 상상이 긴 하지만 루기아가 날갯짓으로 강한 바람을 만들어 태풍을 남쪽으로 다시 밀어내면 가능하지 않을까? 남쪽의 따뜻한 바다에서 계속 힘을 얻으면 태풍의 수명도 길어질 것이 분명하니까.

◉ 깊은 바다에 사는 루기아

루기아가 스스로 원해서 폭풍우를 일으키는 건지는 알 수 없다. 도감에는 '가벼운 날갯짓만으로도 민가를 날려 버릴 만한 파괴력을 지니고 있어서 해저에서 사람들 몰래 살게 됐다' 오메가루비 고 되어 있다. 날개의 힘이 너무나 강력해서 날갯짓만으로도 인간에게 피해를 줘서 스스로 바다 밑바닥으로 가라앉았다니, 정말 존경스

러운 포켓몬이다. 루기아에게 고맙다고 인사하고 싶은 기분이다.

포켓몬 도감에는 루기아가 '해저'에 산다고 되어 있지만, 어쩌면 '해구'에 살 수도 있다. 해저의 깊이는 평균 3,800m 정도인데, 해저가 깊이 파인 부분을 해구라고 한다(지금까지 발견된 세계에서 가장 깊은 해구는 태평양 마리아나 해구로 그 깊이는 11,034m다). 이렇게 깊은 곳에는 햇빛도 닿지 않으며, 바닷물의 무게로 인해 몸이 엄청난 압력을 받는다. 깊은 바다 밑 환경은 혹독하다.

스스로의 힘을 억누르고자 바다 깊은 곳에서 잠자는 루기아, 어찌 보면 참 가엾은 포켓몬이다.

요괴고양이포켓몬 나옹에게 생물을 배우자

나옹은 왜 반짝이는 동전을 좋아할까?

발톱을 집어넣고 살금살금 걷는다. 또 동전을 무척 좋아한다.

두 가지를 연결하면 떠오르는 단어는 도둑……!? 에이, 설마 그건 아니겠지.

포켓몬 초창기부터 활약한 나옹은 미워할 수 없는 포켓몬이다. 하지만 겉모습 때문인지 특징 때문인지, 괜히 믿음직스럽지 않다는 오해를 받기도 한다. 나옹의 특징에

나옹 요괴고양이포켓몬　타입 노말
▼ 오메가루비·알파사파이어
● 키 0.4m
● 몸무게 4.2kg

날카로운 발톱을 집어넣고 살금살금 발소리를 내지 않고 걸을 수 있다. 반짝반짝 빛나는 동전을 왠지 모르지만 매우 좋아한다.

대해 과학적으로 분석해 보자. 좀 더 많은 사람이 나옹을 믿음직하다 생각해 주면 좋겠다.

발볼록살은 무슨 일을 할까?

나옹이 발톱을 숨기고 소리 없이 걸을 수 있는 이유는 발바닥에 있는 두툼한 살 덕분이 아닐까?

고양이의 발바닥에는 발볼록살이 말랑말랑하게 솟아올라 있다. 발바닥 한가운데에 큰 것이 하나, 발가락 끝에 작은 것이 하나씩, 앞발의 발목 부분에 작은 것이 하나 있다.

발볼록살은 고양이가 발소리를 내지 않고 사냥감에 접근할 수 있게 해 주고, 높은 곳에서 뛰어내릴 때의 충격을 덜어 주며, 발바닥을 상처에서 보호해 주는 역할을 한다. 특히 고양이의 앞발 발목에 있는 살에는 감각이 예민한 털이 두세 가닥 돋아나 있어서, 고양이는 자신이 어디를 걷고 있는지 촉각을 통해 알 수 있다.

발볼록살이 있는 자연계의 동물은 식육목에 해당하는데, 식육목에는 사자와 호랑이 등의 고양잇과, 늑대와 여우, 너구리 등의 갯과, 대왕판다가 속한 곰과, 레서판다, 아메리카너구리, 족제비, 스컹크, 몽구스, 바다사자, 해마, 물범 등이 포함된다. 동물 세계의 일대 세력이라고 할 수 있다.

바다사자처럼 바다에 서식하는 동물을 제외한 식육목 동물에게는 발바닥에 도톰한 살이 있다. 식육목 중에서도 고양잇과 동물은 발톱이 발가락의 살 속으로 쏙 들어가게 되어 있어서 걸을 때 발톱이 닳는 것을 방지한다. 발톱을 늘 날카롭게 유지하기 위해서인데, 사냥감을 잡을 때 유리하다. 발톱을 감추고 소리 없이 걷는 나옹은 고양잇과 동물처럼 사냥감을 덮치는 능력이 발달한 것일지도 모른다.

◉ 동전을 좋아하는 이유

또 한 가지 흥미로운 나옹의 특징은 반짝반짝 빛나는 동전을 좋아한다는 사실이다. 나옹은 왜 반짝이는 동전을 좋아할까?

현실 세계의 동물이 자극에 반응하는 행동은 흔히 다섯 가지, '주성, 반사, 본능, 학습, 지능'으로 나뉜다.

'주성'이란 자극으로 다가가거나 멀어지는 단순한 행동으로,

여름밤에 딱정벌레나 사슴벌레가 전등 쪽으로 모여드는 것을 예로 들 수 있다. 나옹의 동전 사랑과는 다르다.

'반사'란 뜨거운 것을 만진 뒤, 무심코 손을 뒤로 빼거나 눈부신 빛을 보고 눈을 감는 것처럼 위험을 피하는 행동이다. 나옹은 동전을 좋아하니까 이것도 해당 사항이 없다.

'본능'은 주성과 반사가 조합된 복잡한 행동이다. 먹거나 자거나 적으로부터 도망치거나 누군가를 좋아하는 등 살아가는 데 필요한 행동을 말한다. 나옹이 본능적으로 동전을 좋아할 경우 반짝이는 동전이 없으면 살 수가 없다는 이야기인데, 본능이라고 하기에는 좀 복잡하다.

'학습'은 경험이 쌓이면서 발생하는 행동이다. 레몬을 먹었을 때 신맛을 느낀 경험을 여러 번 하면 나중에는 레몬을 보기만 해도 침이 고인다. 나옹이 반짝이는 동전으로 인해 기뻤던 경험이 많다면 학습 행동일 가능성이 있다.

'지능'은 경험과 지식을 토대로 아직 일어나지 않은 일을 예측하거나 그에 대처하는 행동이다. 사냥감을 잡으려고 덫을 놓거나, 친하게 지내고 싶어서 말을 거는 행동 등이 이에 해당한다. 나옹이 만약 반짝반짝 빛나는 동전을 모아 맛있는 걸 사야겠다고 생각한다면, 이는 고도의 지능 행동이라는 얘기가 된다.

◎ 이마에 붙어 있는 금화의 가치

나옹에 대해 궁금한 점이 하나 더 있다.

나옹의 이마에는 금화 같은 것이 붙어 있는데, 진짜 금화를 붙인 것일까, 아니면 몸의 일부분일까……?

금화라면 대단한 가치가 있을 것이 틀림없다. 99.9% 순금인

15g 정도의 기념주화를 기준으로 생각할 때, 금으로서의 가치만으로도 약 70만원이다!

 그렇지 않아도 좁은 나옹의 이마 대부분을 차지하는 70만원 상당의 금화. 그런 비싼 금화를 이마에 붙이고 다니면서도 반짝반짝 빛나는 동전에 눈길을 빼앗긴다니. 아무리 생각해도 동전보다는 금화가 훨씬 더 비쌀 텐데.

 게다가 나옹의 기술 '고양이돈받기'는 적에게 금화를 던지는 기술이다. 귀한 금화를 던져 버리다니, 알 수 없는 녀석이잖아? 나옹은 과학적으로 생각하려다 오히려 미스터리만 점점 깊어지는 불가사의한 포켓몬이다.

희망사항포켓몬 지라치에게 생물을 배우자

1,000년에 한 번 잠에서 깨는 지라치, 그렇게 오래 자도 괜찮을까?

지라치는 놀라운 포켓몬이다. 많은 독자들은 '모든 소원을 이루어 주는 능력'에 관심을 가지겠지만, 과학적으로 흥미로운 부분은 '1,000년 중 7일 동안만 깨어나'라는 문장이다. 이 문장으로 미루어 보아 지라치는 적어도 1,000년 전부터 잠들어 있었다는 얘기인데 굉장하지 않은가? 1,000년 전이면, 한국이 고려시대였을 때부터 자고 있었다니!

지라치 희망사항포켓몬   타입 강철 에스퍼
● 키 0.3m
● 몸무게 1.1kg

▼ 블랙 2 · 화이트 2

1,000년 중 7일 동안만 깨어나 모든 소원을 이루어 주는 능력을 발휘한다고 한다.

  물론 지라치는 영원히 자는 것이 아니라 1,000년에 7일은 잠에서 깬다. 1,000년이란 윤년을 포함하면 365,243일이고, 그중 365,236일을 자는 셈이니, 시간으로 환산하면 8,765,664시간이다. 인간의 수면 시간이 하루 평균 8시간 정도니까 지라치의 수면 시간은 인간의 100만 배가 넘는다. 놀라워!

  하지만 생물이 그렇게 오래 자도 괜찮을까? 지라치와 수면에 대해 생각해 보자.

◉ 인간이 자는 이유

인간은 왜 잠을 잘까?

  그 이유 중 하나는 뇌와 몸을 쉬게 하기 위해서다.

  인간의 수면은 뇌가 잠드는 비렘(non-REM)수면으로 시작된다. 비렘수면은 잠들어 30~60분 정도일 때 가장 깊어지고 그 이후는 얕아진다. 비렘수면이 끝나면 10~20분 정도 몸이 잠드는 렘(REM)수면 단계로 들어간다. 그동안 뇌는 깨어 있는 상태로 기억을 정리하는데, 이것이 바로 '꿈'이다.

렘수면이 끝나면 다시 비렘수면 상태가 되며, 1시간 30분마다 교대로 반복된다. 주기가 반복될 때마다 비렘수면은 얕아지고 렘수면은 깊어진다. 반복 주기가 4~6회 계속되어 뇌와 몸이 충분히 쉬고 난 뒤에야 잠에서 깬다.

동물에게도 잠은 중요하다. 적에게 습격당할 가능성이 큰 초식동물은 짧게 자고, 육식동물이나 나무 위에서 생활하는 나무늘보 등은 길게 자는 경향이 있지만, 결국 뇌와 몸이 반복해서 잔다는 점은 변함없다. 돌고래나 철새는 좌우 뇌를 교대로 자게 해서, 자면서 헤엄치거나 날아다니기도 한다.

뇌파를 조사한 결과, 뱀, 개구리, 물고기, 곤충, 오징어, 문어도 잠을 잔다는 사실이 밝혀졌다. 잠을 자지 않는 동물은 뇌가 없는 불가사리나 해파리뿐이다.

⊙ 자기 전에 삼각김밥 15만 개를 먹어야 해

지라치도 마찬가지일까?

인간과 동물은 자고 있는 동안에도 호흡하거나 심장을 뛰게 하기 위해 에너지를 사용한다. 몸무게 35kg인 초등학생의 경우 하루 종일 잠만 자도 1,100~1,200kcal가 소비된다. 평소 생활할 때보다 $\frac{2}{3}$ 정도의 에너지다.

몸무게 1.1kg인 지라치가 인간과 똑같이 잠을 자면 큰일이다. 1,000년 동안 소모되는 에너지는 3,200만kcal. 자기 전에 에너지를 그만큼 섭취하지 않으면 자는 동안 죽고 만다. 3,200만kcal는 삼각 김밥 15만 개의 영양분이다. 그 정도의 양을 먹을 수 없으니, 분명히 지라치는 인간과 근본적으로 다르게 자는 것임에 틀림없다.

그렇다면 지라치는 어떻게 잘까?

1951년에 일본에서 있었던 일을 참고하자. 2,000년 전 유적에서 발견된 세 개의 연꽃 씨앗에 물을 주자 씨앗이 싹을 틔웠다. 이 연꽃을 싹 틔우는 데 성공한 연구자의 이름을 따 '오가 연꽃'이라 부르는데, 지금까지도 대대로 꽃을 피우고 있다.

이처럼 생물은 에너지 소비를 억제하거나 멈추고 오랫동안 자는 경우가 있다. 곰이나 다람쥐나 곤충의 겨울잠이 그중 하나로 '휴면'이라고 불린다.

휴면 하면 '완보동물(곰벌레)'이 유명하다. 몸길이 1mm 전후, 다리가 여덟 개인 완보동물은 연못이나 늪지대 등 물속이나 습한 곳에 살다가, 주변 환경이 건조해지면 몸에서 수분을 빼내고 오그라들어 잠든다. 120년 동안 자고 있던 완보동물에게 물을 뿌렸

더니 움직였다는 기록이 있다.

지라치의 잠도 인간의 '수면'과 달리 에너지 소비가 없는 '휴면'이라면, 자는 동안은 성장하거나 늙지 않을 테니 지라치는 오래 살 것이 분명하다. 지라치가 10년, 즉 3,650일을 깨어 있었다고 치고, 1,000년에 7일로 계산해 보면 지라치가 태어난 것은 약

52만 년 전이라는 계산이 나온다!

  그렇다 해도 한 번 잠들면 1,000년씩 잔다니 정말로 굉장하다. 1,000년 전에는 자동차도 텔레비전도 휴대전화도 물론 없었고 사람들은 붓으로 글씨를 썼다. 지라치가 오랜만에 잠에서 깨면 너무나도 변한 세상에 놀라지 않을까?

  긴 시간, 생활의 변화, 기술의 발달과 상관없이 잠에서 깨면 사람들의 소원을 이루어 준다는 지라치. 고려 시대부터 자고 있었음에도 '희귀한 포켓몬이 필요해요' 같은 부탁도 곧바로 들어줄 테니 정말 든든하다.

  만약 지라치가 실제로 존재한다면 역사학자들이 몰려와 1,000년 전 세계사를 꼬치꼬치 캐묻는 바람에 소중한 7일이 끝나 버리지 않을까?

용암포켓몬 마그카르고에게 지구과학을 배우자

마그카르고의 체온은 무려 10,000°C, 지구에서 가장 체온이 높아!

왠지 표정이 느긋해 보이는 포켓몬 마그카르고. 하지만 사실은 굉장히 놀라운 녀석이다.

포켓몬 도감에는 '마그마가 굳어 생긴 껍질의 틈새로부터 불꽃을 뿜어낸다'고 하며, '껍질은 피부가 식어서 굳어진 것이다. 만지기만 해도 산산이 부서져 버린다' 오메가루비 고 쓰여 있다. 이런 내용들로 미루어 볼 때 껍질은 식어서 고체, 피부는 마그

마그카르고 용암포켓몬　타입 불꽃 바위
- 키 0.8m
- 몸무게 55.0kg

▼ 블랙 2・화이트 2

체온은 약 10,000도. 마그마가 굳어 생긴 껍질의 틈새로부터 불꽃을 뿜어낸다.

마처럼 뜨거운 액체라는 이야기일까? 도감 그림을 보면 턱 주변이 녹아내릴 것 같은데, 그도 그럴 것이 마그카르고의 체온은 약 10,000℃다. 으악!

벌써 몇 번이나 '으악'이니 '야호' 하고 소란을 떨어서 독자 여러분은 '또 시작이구나' 하고 생각할지도 모른다. 하지만 이번 '으악'은 지금까지와는 약간 차원이 다른, 마음속 깊이 놀랐을 때의 감탄사다. 자, 모두 함께 외쳐 보자. 으악!

◉ 10,000℃는 얼마나 뜨거운 걸까?

아차, 독자에게 감탄사를 강요할 때가 아니다. 우선 10,000℃가 얼마나 뜨거운지 알아보자.

우리가 살고 있는 지구는 지하로 갈수록 뜨거워진다. 지하 1,000km가 1,500℃, 2,000km가 3,000℃다. 약 6,400km인 지구 중심부의 온도는 6,000℃다. 지구 위에서 발생하는 자연현상 중 가장 온도가 높은 것은 번개로 27,000℃다. 즉 지구에 10,000℃라는 온도는 자연적으로는 거의 존재할 수 없다.

과학의 힘으로도 10,000℃는 만들어 내기 어렵다. 제트 엔진 내부가 1,500℃, 로켓 엔진 내부가 3,000℃, 전기용접 플라즈마 제트가 6,000℃다. 형광등 유리관 내부의 수은 기체가 11,000℃지만, 그 기체는 매우 희박하므로 유리관의 온도는 100℃ 정도밖에 되지 않는다. 10,000℃는 그만큼 무서운 온도다.

체온이 이렇게나 높다니 마그카르고가 살아 있는 것이 신기할 정도다. 아니, 살아 있기 전에 실제로 존재한다는 것 자체가 신기하다. 암석이나 금속도 온도가 올라가면 액체가 되고 더 올라가면 기체가 된다. 끓는점이 가장 높은 금속은 탄화텅스텐인데, 이것도 6,000℃면 기체로 바뀐다. 마그카르고의 몸이 액체로 이루어져 있다고는 하지만 10,000℃에서도 그대로라니. 그렇다고 다짜고짜 "네 몸은 무엇으로 만들어졌니?" 하고 물어보면 마그카르고도 난처하지 않을까?

◉ 가만히만 있어도 회오리가 생긴다!

마그카르고의 무서운 점은 체온이 10,000℃라는 사실이다. 리자몽이나 마폭시의 불꽃도 뜨겁지만 불꽃을 계속해서 쏠 수는 없다. 하지만 마그카르고의 경우는 체온이 10,000℃이므로 계속 그 온도를 유지한다. 옆에 있으려면 꽤나 조심해야 한다.

온도가 높은 물체에서는 빛이 나온다. 태양이 빛나는 이유는 5,500℃ 정도로 뜨겁기 때문이다. 마그카르고만 한 크기의 생물이 10,000℃라면, 책상 스탠드에 사용되는 27W(와트)짜리 LED 전등 약 1,500만 개를 켰을 때의 빛이 마그카르고에게서 나온다는 얘기다. 그 정도면 눈이 부셔서 앞을 볼 수도 없다.

게다가 10,000℃면 햇볕에 타는 원인인 자외선도 엄청나게 많이 방출되므로, 마그카르고와 싸우는 포켓몬도 마그카르고의 트레이너도, 모두 새까맣게 그을리게 된다.

생각하면 할수록 더 두려운 상황이 상상된다. 천재지변이라고 해도 좋을 정도다.

체온이 10,000℃인 마그키르고가 주위의 공기를 데운다. 뜨거워진 공기는 가벼워져 상승기류가 된다. 공기가 상승하면 그 근처에는 공기가 희박해져 외부 공기가 유입되며 또다시 그 공기는 뜨거워지고, 이 과정이 반복돼 소용돌이가 생긴다. 바로 회오리다. 마그카르고는 한 자리에 가만히 있기만 해도 회오리를 일으킨다.

그럼 회오리를 일으킨 마그카르고는 어떻게 될까? 마그카르고

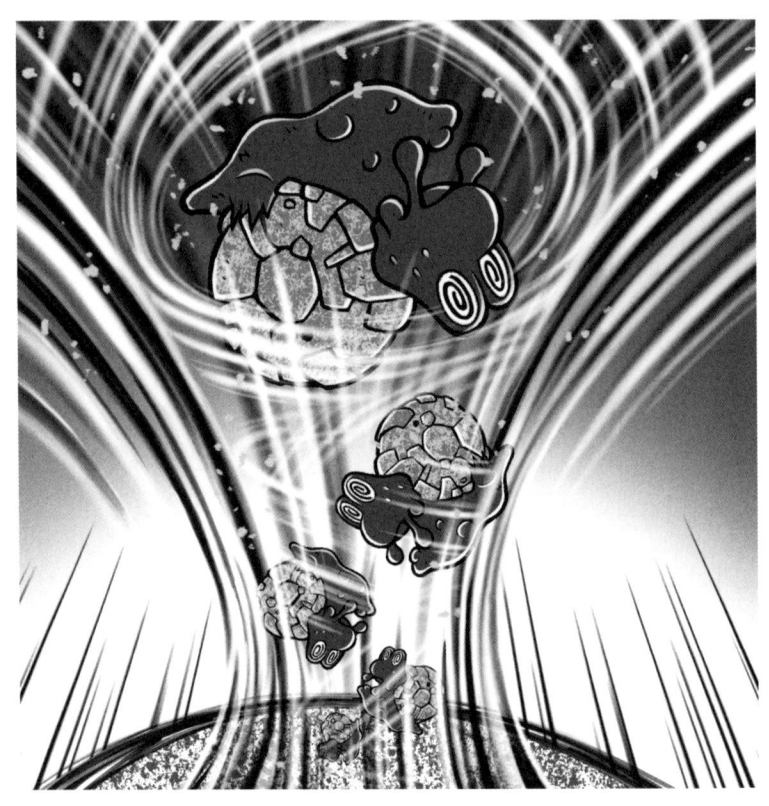

역시 상승기류에 빨려들어가 하늘 높이 날아가겠지. 하지만 잠시 후 아래로 떨어진다. 다시 공기가 데워져 회오리를 발생시키고 또다시 날아갔다가 떨어진다……. 체온이 10,000℃나 되는 한 이런 상황이 영원히 되풀이된다. 마그카르고는 아무 짓도 하지 않는데……, 정말 불쌍하다.

◎ 화성 테라포밍

성가신 포켓몬 마그카르고를 화성 테라포밍 분야에서 일하게 하면 어떨까? 테라포밍이란, 인간이 생활할 수 없는 별의 환경을 지구와 비슷하게 바꾸는 것이다.

화성은 공기가 희박하고 기온도 낮다. 지하에는 얼음과 이산화탄소가 얼어붙은 드라이아이스가 있다고 알려져 있다. 이것들을 녹일 수 있다면 공기 중에 수증기와 이산화탄소가 늘어나고 온실효과로 기온이 올라간다. 거기서 식물을 키운다면 이산화탄소와 물로 광합성을 해서 산소를 만들 수 있을 것이다. 이것이 바로 NASA(미국항공우주국) 등에서 연구하는 화성 테라포밍의 포인트다. 마그카르고를 화성에 보내면 이 엄청난 계획이 간단하게 성공하지 않을까?

이렇게 공상은 점점 부풀어 가는데……. 이런, 체온이 10,000℃인 마그카르고를 태울 수 있는 로켓이 없다. 어떤 물질로 만들어도 마그카르고가 타는 순간 녹아서 증발하겠지.

흠, 마그카르고가 알 상태일 때 로켓에 태워서 화성에서 부화시키면 어떨까?

안테나포켓몬 데덴네에게 물리를 배우자

전파를 이용해서 동료와 통신하는 데덴네, 어떤 정보를 교환할까?

데덴네에 대한 해설 중 '꼬리로 발전소나 민가의 콘센트에서 전기를 흡수하여 수염에서 전격을 날린다' 알파사파이어 는 내용을 읽었을 때, 피카츄의 존재를 위협하는 포켓몬이 틀림없다고 생각했다. 귀엽지, 전격을 쏘지, 쥐처럼 생겼지, 게다가 콘센트에서 전기를 빨아들이는 놀라운 기술까지 갖추었다.

하지만 데덴네는 키 0.2m, 몸무

데덴네 안테나포켓몬 　타입 전기 페어리
• 키 0.2m
• 몸무게 2.2kg

수염이 안테나의 역할을 한다. 전파를 송수신해서 멀리 떨어진 동료와 서로 연락하는 것이다.

게 2.2kg이다. 키가 피카츄의 $\frac{1}{2}$밖에 되지 않으니 이래서야 위협하는 건 무리겠지. 기껏해야 동생뻘이나 될까? 어쩐지 보면 볼수록 데덴네의 귀여움에 빠져들게 된다.

이러면 오히려 데덴네가 걱정스럽기도 하다. 데덴네는 안테나포켓몬으로 수염이 안테나 역할을 해서 동료들과 전파로 연락을 취하는데, 안테나는 산이나 탑처럼 높은 곳에 위치한다. 과연 데덴네는 그 작은 몸으로 전파를 송수신해서 동료와 연락할 수 있을까?

◎ 조난신호는 왜 SOS일까?

전파는 눈에 보이지 않지만 빛과 비슷하다.

빛은 파도처럼 마루(높은 지점)와 골(낮은 지점)이 반복되며 전달된다. 마루에서 마루까지의 길이를 '파장'이라고 하며 파장이 긴 빛은 빨간색이 되고, 파장이 짧은 빛은 보라색이 된다. 무지개의 일곱 가지 색은 '빨강→주황→노랑→초록→파랑→남색

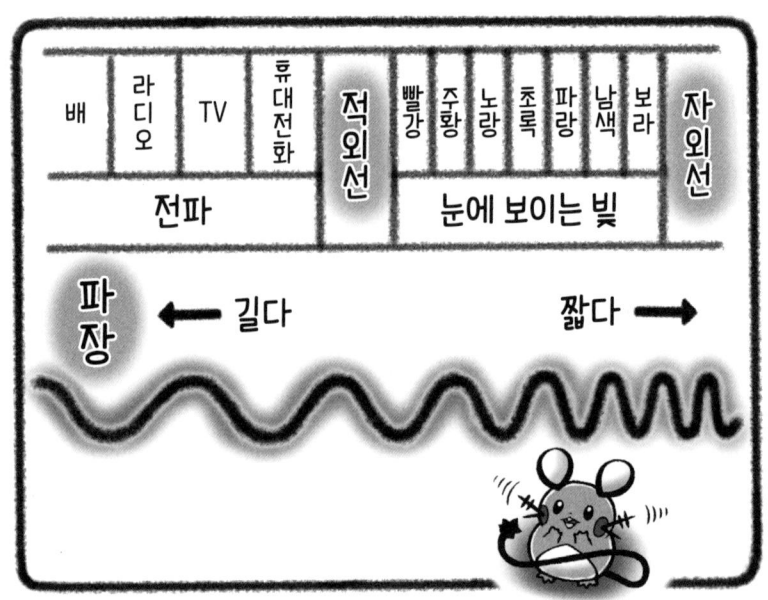

→보라'로 이어져 있는데, 이 순서는 파장이 긴 순서다.

보라색 빛보다 파장이 짧아지면 인간의 눈에 보이지 않는 자외선이 된다. 반대로 빨간색보다 파장이 길어지면 적외선이 되며, 전파는 적외선보다 파장이 더 길다.

전파도 파장에 따라 여러 종류가 있다. 생활 속에서 흔히 접할 수 있는 것은 다음 네 가지다.

①배의 교신에 사용되는 전파

②라디오 전파

③ 텔레비전 전파

④ 휴대전화 전파

그리고 이들 전파는 ①에서 ④로 갈수록 파장이 길어진다.

그렇다면 파장의 길이가 다르면 무슨 차이가 있을까?

파장이 긴 전파는 멀리까지 닿을 수 있지만 보낼 수 있는 정보가 적다. 배의 교신 중에 조난신호 'SOS'가 유명하다. 정보를 멀리까지 전달하려면 파장이 긴 전파가 편리하기 때문에 짧은 신호로 만든 것이다.

한편 파장이 짧은 전파는 많은 정보를 보낼 수 있지만 멀리까지 닿지는 않는다. 대표적인 것이 휴대전화인데, 이메일, 인터넷 서핑, 동영상 시청도 가능하며 많은 정보가 여기저기로 퍼진다. 그 대신 도달하는 거리가 짧아 곳곳에 중계 안테나가 필요하다.

라디오나 텔레비전 전파는 그 중간이다. 라디오는 영상이 없는 만큼 텔레비전보다 보내는 정보가 적은 대신, 멀리까지 도달하므로 재해가 발생했을 때 도움이 된다.

◎ 데덴네가 사용하는 전파란?

이 네 종류의 전파 중 데덴네의 전파는 어느 것에 가까울까? 단서는 안테나. 파장이 긴 전파일수록 긴 안테나가 필요하다. 배의

갑판에 빨랫줄처럼 길게 걸린 선이 안테나인데, 배에서 사용하는 전파는 파장이 길기 때문에 안테나의 길이도 배와 비슷한 정도로 필요하다. 이에 비해 라디오나 텔레비전의 안테나는 훨씬 길이가 짧다.

그렇다면 휴대전화의 안테나는 어떨까?

아마 잘 떠오르지 않을 것이다. 휴대전화는 기계 안에 짧은 안테나가 들어 있기 때문이다.

데덴네의 수염은 안테나 역할을 한다. 0.2m라는 키를 기준으로 계산해 볼 때 수염의 길이는 기껏해야 6cm 정도인데, 이렇게 짧은 안테나로 송수신이 가능한 전파는 휴대전화처럼 파장이 짧은 전파다. 즉 데덴네가 보내고 받는 전파는 멀리까지 보낼 수는 없지만 대량의 정보를 주고받을 수 있는 전파일 가능성이 높다.

흠, 가까이에 있는 동료와 '메신저'나 'SNS'처럼 이런 저런 정보를 서로 전달하는 걸까? 예를 들면 전기를 잘 빨아들이는 방법이라던가……?

⊙ 데덴네와 인간의 관계

과학적으로 흥미로운 또 다른 사실은 데덴네와 인간의 관계다. '꼬리로 발전소나 민가의 콘센트에서 전기를 흡수'한다는 포켓몬 도감의 해설로 미루어 볼 때 데덴네는 인간 사회와 밀접한 관계를 맺고 생활할 가능성이 크다.

예를 들어 농촌의 참새는 쌀이나 논에 사는 벌레를 먹고, 도시의 참새는 인간이 먹고 남긴 것을 먹는다. 도시에 서식하는 큰부리까마귀, 집비둘기, 곰쥐 등도 마찬가지다. 제비나 집박쥐는 인간의 집에 둥지를 틀고 도마뱀붙이나 구렁이도 마을 근처에 산다.

이런 동물들은 지역 인구가 줄어들어 사람이 없어지면 다른 곳으로 떠나 버린다. 데덴네도 인간들이 사는 집의 콘센트에서 전기를 빨아들이므로 우리 가까이에서 살 수밖에 없을지도 모른다. 이런 점도 나름대로 귀엽다.

마지막으로 전파와 관련된 토막 지식을 소개한다.

라디오 등에서 '주파수'라는 말을 들어 본 적이 있을 것이다. 주파수란 전파의 마루와 골이 1초 동안 얼마나 '보내고-받는지'를 나타낸다. 예를 들어 서울·경기 지역의 'EBS 교육방송'의 주파수는 104.5MHz(메가헤르츠)다. '메가헤르츠'는 '100만Hz(헤르츠)'이므로 EBS 교육방송을 듣는 라디오에 1초 당 도착하는 전파의 마루와 골은 $104.5 \times 1,000,000 = 104,500,000$개(1억 450만 개)다.

그럼 독자 여러분이 살고 있는 지역의 라디오 **주파수는?**

모르는 사람은 꼭 조사해 보기 바란다.

풍요포켓몬 랜드로스에게 생물을 배우자

랜드로스가 바람과 천둥으로 대지를 풍족하게 하는 원리는 무엇일까?

랜드로스를 보면 왠지 모르게 무섭다. 특히 화신폼은 잔뜩 화가 난 근육질 아저씨 같아서 가까이 가기만 해도 야단맞을 것 같다…….

문득 그렇게 생각했지만 터무니없는 착각이었다. 랜드로스는 땅에 영양을 공급하여 대지를 풍족하게 만들어 주는 포켓몬이다. 해설에 따르면 '랜드로스가 찾아온 땅에는 작물에 열매가 많이 열리기 때문에 농

랜드로스 (화신폼)
풍요포켓몬

타입 땅 비행
● 키 1.5m
● 몸무게 68.0kg

▼ 블랙 2 · 화이트 2

바람이나 번개를 거둬들여 바꾼 에너지가 흙에 영양을 주어 대지를 풍족하게 한다.

지의 신이라고 전해진다' 오메가루비 고 한다.

우와, 너무너무 고마운 포켓몬이잖아. 랜드로스 님, 오해해서 죄송합니다. 제발 미워하지 말아 주세요.

대지가 풍족해지면 식물이 우거지고 동물도 늘어난다. 랜드로스는 생태계에 은혜를 베푸는 너그러운 포켓몬이다. 그렇다면 풍족한 대지란 무슨 뜻일까? 바람과 번개로 대지를 풍족하게 만들 수 있을까?

⊙ 풍족한 땅이란?

밭은 곡물이나 채소 등을 기르기 위한 땅이니까 식물이 쑥쑥 자랄 수 있게 흙이 풍요로워야 한다. 그런 흙은 학교에 있는 화단이나 공원의 흙과는 어떻게 다를까?

인간이 스스로의 힘으로 밭의 흙을 풍족하게 하는 방법 중 하나는 비료를 주는 것이다. 비료에는 질소와 인산, 칼륨이 들어 있다. 질소는 잎을 커지게 하고, 인산은 열매를 커지게 하며, 칼륨은 뿌리를 잘 자라게 한다. 또한 칼슘은 줄기와 잎과 뿌리를 튼튼하게 하며, 마그네슘은 광합성을 활발하게 한다. 앞서 소개한 것들 가운데 질소 이외의 것을 합쳐서 미네랄이라고 하는데, 결국 풍족한 토양이란 질소와 미네랄이 많은 흙을 뜻한다. 지하수에서 채취한 물을 '미네랄 워터'라고 부르는 이유도 토양의 미네랄이 물 속에 녹아 있기 때문이다.

흙에 사는 생물들도 흙을 풍요롭게 한다. 지렁이는 흙과 흙에 섞인 마른 잎을 먹는데, 지렁이의 배설물은 비료가 되고, 흙은 소화액으로 굳어져 몽글몽글한 알갱이 모양이 된다. 그 틈새로 공기가 들어가면 식물의 뿌리가 호흡하기 쉬워져 농작물이 잘 자라게 된다.

버섯이나 곰팡이 등의 균류와 눈에 보이지 않을 만큼 작은 세균들은 더 중요한 역할을 담당한다. 이들은 동물의 똥이나 낙엽을 물, 이산화탄소, 질소, 미네랄로 분해한다.

옛날에는 구덩이에 대소변을 모아 두었다가 밭에 뿌렸다지만, 사실 그걸 그대로 뿌리는 것은 도움이 되지 않는다. 세균이 분해해서 질소와 미네랄이 풍부한 퇴비가 되어야만, 비로소 식물이 그것들을 흡수할 수 있다.

◉ 랜드로스가 대지를 풍족하게 하는 방법

 균류와 세균이 활발히 활동하고, 지렁이도 살며, 인간이 비료를 주어 식물이 쑥쑥 자라는 풍족한 땅이 학교 화단이나 공원의 흙과 어떻게 다른지 독자 여러분도 이해했을 테니 다시 랜드로스로 화제를 돌려 보자.

 랜드로스는 어떻게 대지를 풍족하게 만들까? 포켓몬 세계의 식물에게도 질소와 미네랄이 필요하다면 설마 구름 위에서 똥이나 썩은 낙엽을 뿌려서……? 아무리 그래도 이건 좀…….

 포켓몬 도감에 따르면 랜드로스는 '바람이나 번개를 거둬들여 바꾼 에너지가 흙에 영양을 주어 대지를 풍족하게 한다' 알파사파이어 고 하며, '꼬리에서 쏟아져 내리는 에너지가 땅의 영양 상태를 좋게 하여 작물이 크게 자란다' 화이트 고도 한다.

 그리고 바람을 조종하는 토네로스와 번개를 조종하는 볼트로스가 나쁜 장난을 쳤을 때 랜드로스가 혼내 준 적이 있다는 이야기로 미루어 볼 때, 랜드로스는 토네로스와 볼트로스가 만드는 바람과 번개를 다른 에너지로 바꾸어 대지를 풍요롭게 만드는 게 아닐까?

 다른 에너지로 바꾼다니 왠지 어렵게 들려도, 사실 우리 주변

에서도 자주 일어나는 일이다.

　화력발전소에서는 석유나 석탄을 태워서 나오는 열 에너지를 전기 에너지로 바꾼다. 그것이 가정으로 운반되어 조명 기구를 통해 빛 에너지로 바뀌고, IH(유도가열방식) 조리 기구를 통해 열 에너지로 바꾼다. 에너지의 커다란 특징은 모습을 바꿀 수 있다는 점이다.

토네로스가 조종하는 바람에는 운동 에너지가, 볼트로스가 조종하는 번개에는 전기 에너지가 있다. 상상이긴 하지만 랜드로스는 이것들을 열 에너지로 바꾸는 것 아닐까?

앞서 설명했듯 현실 세계에서는 균류와 세균 들이 대지를 풍족하게 만든다. 그러나 온도가 낮으면 균류나 세균 들이 활동할 수 없다. 북극해 연안의 툰드라처럼 추운 지역에 식물이 적은 이유는, 기온이 낮아서 식물들이 자라기 힘들고 균류나 세균 들이 활동할 수 없기 때문이다. 냉장고에 넣은 음식물이 잘 상하지 않는 이유도 온도가 낮아 세균들이 활동할 수 없기 때문이다. 이런 점들로 미루어 생각할 때, 대지에 열 에너지를 전달해 온도를 높여 주면 균류와 세균이 활발히 활동하여 황무지도 비옥한 토지로 바뀌는 셋임을 일 수 있다.

랜드로스가 대지를 따뜻하게 데워 세균들의 활동을 활발하게 만들고 자연을 더 풍족하게 만들어 주었으면 좋겠다. 자연을 파괴하는 인간들을 무서운 눈으로 노려보면서.

신설포켓몬 글레이시아에게 생물을 배우자

얼린 털을 날려 무기로 쓰는 글레이시아, 그래도 괜찮을까?

다양한 무기를 가진 포켓몬이 많지만 글레이시아는 놀랍다. 체온을 내려 온몸의 털을 얼려 바늘처럼 만들어 날린다니, 어떻게 그런 게 가능할까?

인간은 다른 동물에 비해 털이 적다. 오스트랄로피테쿠스에서 네안데르탈인으로 진화하는 단계(1,300만~700만 년 전)까지는 온몸에 털이 나 있었지만, 50만~40만 년 전

글레이시아 신설포켓몬 타입 얼음
● 키 0.8m
● 몸무게 25.9kg

▼ 알파사파이어
체온을 내리는 것으로 전신의 털을 얼려서 날카롭고 뾰족한 바늘처럼 만들어 날린다.

부터 털이 퇴화하여 현재에 이르렀다. 인간의 입장에서 보면 '어떻게 털이 무기가 돼?' 하는 불안한 생각도 든다.

현실 세계에도 털을 무기로 이용하는 동물은 있다. 호저나 고슴도치, 가시두더지는 털이 변해서 생긴 날카로운 가시가 등부터 엉덩이까지 돋아 있다. 특히 호저의 가시는 강력해서 큰 가시의 경우 지름이 1cm, 길이가 20cm나 된다. 알루미늄 캔도 뚫을 수 있다고 한다. 사자나 하이에나가 공격하면 달려들어 강력한 가시로 찌른다. 어휴, 진짜 아프겠다!

그러나 아무리 호저라도 가시를 날려 보내지는 않는다. 털을 얼려서 날리는 글레이시아의 힘이 얼마나 강력한지 생각해 보자.

◎ 동물에게 털이 있는 이유

생물은 각자 살아가는 데 적합한 체온이 있다. 인간은 36~37℃, 토끼는 38~40℃, 새는 40~42℃다. 체온이 너무 높아지면

모든 생물이 죽는다. 반대로 체온이 너무 낮아지면 인간 등의 포유류나 조류는 죽고, 뱀이나 개구리, 물고기, 곤충은 움직이지 못하게 된다. 체온이 0℃보다 내려가면 몸속의 수분이 얼어붙어 모든 생물은 죽는다.

글레이시아가 털을 얼린다는 것은 체온을 0℃ 이하로 낮춘다는 뜻이다. 과학적으로 그렇게까지 체온을 낮추면 글레이시아가 매우 위험하지 않을까 걱정도 해 보지만, 얼린 털을 날리기 위해서 굳이 위험을 무릅쓸지도 모른다.

실제로도 이 공격은 상당한 위력이 있을 듯하다. 글레이시아의 털이 인간의 머리카락처럼 1㎠ 당 200개의 밀도로 나 있다고 가정해 보자. 그렇다면 지름 10cm의 원에는 15,700개의 털이 나 있는 셈이다. 이 털을 한꺼번에 발사할 경우 15,700개의 바늘이 상대방을 찌르게 된다. 어휴, 상상만으로도 아프다.

그렇지만 털을 바늘로 만들어서 날리면 그 부분에 있던 털이 없어져, 글레이시아가 곤란해지지 않을까?

동물에게 털이 있는 이유는 피부를 보호하고 체온을 유지하기 위해서다. 동물의 털에는 두껍고 빳빳한 가시털(센털)과 가늘고 곱슬한 솜털이 있다. 솜털은 가시털 사이에 나 있으며 가시털을 눌러 공간을 만들고 공기를 채운다. 공기는 열을 전달하기 어렵기 때문에 체온을 유지할 수 있다. 가시털은 매우 튼튼해서 몸을 보호하는 데 도움이 된디.

글레이시아의 털이 이와 비슷한 구조라면 두껍고 빳빳한 가시털을 얼려 날리겠지. 그렇다면 가시털이 빠져나간 부분에는 부드러운 솜털만 남아 몸을 보호할 수 없게 된다. 게다가 가시털과 솜털이 만든 공간이 없어져 체온을 유지할 수 없을지도 모른다. 즉, 공격을 하고 나면 다음 방어가 어려워질 텐데……. 글레이시아는 괜찮을까?

◉ 털이 없는 편이 유리할까?

공격한 뒤에 글레이시아가 어떻게 될지 걱정되니, 털의 역할에 대해 다시 한 번 생각해 보자.

추운 겨울날, 개와 인간이 따뜻한 방에서 밖으로 나왔다고 가정하자. 추위에 잘 견디는 쪽은 당연히 개다. 개의 몸은 털로 둘러싸여 있어서 체온이 유지된다. 인간은 털이 없으니까 알몸일 경우에는 곧바로 몸이 차갑게 식어 버린다.

그러나 반대의 경우를 생각해 보자. 몸이 다 식어 버린 개와 인간이 따뜻한 방에 들어갔을 때 몸이 빨리 따뜻해지는 것은 어느 쪽일까?

개의 몸에 나 있는 털 사이에는 공기가 들어 있는데, 그 공기는 방의 온기가 몸으로 전달되는 것을 방해한다. 인간은 털이 없으니 방의 온기가 그대로 전달된다. 즉 내려간 체온을 되돌리려면 털이 없는 편이 낫다는 이야기다.

앞에서도 설명했듯이 글레이시아는 강력한 털 발사 공격을 위해 일부러 체온을 낮추는 위험을 무릅쓰는 것이 아닐까? 만약 그렇다면 공격을 마친 글레이시아가 제일 먼저 해야 할 일은 무엇일까?

그렇다. 1초라도 빨리 체온을 올려 원래의 상태로 돌아가는 것이다. 그리고 그렇게 하려면 털이 없는 편이 유리하다.

이런, 털이 없어졌다고 걱정했는데 글레이시아는 그게 훨씬 좋은 셈이군! 체온과 털은 이렇듯 밀접한 관계다. 《상상초월 포켓몬 과학 연구소 ①》에서도 몇 번이나 말했지만 포켓몬의 세계는 정말 심오하다.

그건 그렇고, 인간의 털이 퇴화한 이유는 무엇일까?

옛날에는 '옷을 입게 되어 필요가 없어졌기 때문'이라고 생각했지만, 요즘은 '뇌가 커져서 온도가 올라가기 쉬우니까 혈액으로 뇌를 식히기 위해 체온을 낮게 유지할 필요가 생겼다'는 설이 유력하다고 한다.

여우포켓몬 마폭시에게 화학을 배우자

3,000℃의 불꽃 소용돌이를 조종하는 마폭시, 그 위력은 어떨까?

커다란 귀가 귀여운 여우포켓몬 푸호꼬는 나무의 잔가지를 먹으면 기운이 솟아 귀에서 200℃가 넘는 열기를 뿜어낸다.

과학적으로 생각하면 그것만으로도 충분히 굉장한데, 푸호꼬가 테르나를 거쳐 마폭시로 진화하면 훨씬 더 굉장해진다. 초능력으로 불꽃을 조종하고 3,000℃의 불꽃 소용돌이를 만들어 상대를 공격한다.

마폭시 여우포켓몬

타입 불꽃 에스퍼
• 키 1.5m
• 몸무게 39.0kg

▼ 알파사파이어

섭씨 3,000도의 불꽃 소용돌이를 초능력으로 조종한다. 적을 소용돌이로 감싸 불태운다.

3,000℃의 불꽃이라니 굉장하다. 우리 주변에 있는 불꽃의 온도는 양초 불꽃의 가장 뜨거운 부분이 1,400℃, 주방의 가스레인지가 1,700~1,900℃다. 마폭시의 불꽃이 훨씬 뜨겁다.

그런 뜨거운 불꽃이 소용돌이치며 타올라 적을 감싸면 어떻게 될까?

◎ 불꽃이란?

마폭시의 능력을 알아보려면 원래 불꽃이 무엇인지부터 알고 넘어가야 한다.

물질에는 기체와 액체와 고체가 있고, 그중 기체가 연소될 때만 불꽃이 발생한다.

뭐라고? 그럴 리가 없다고?

기름이나 알콜은 액체고, 나무나 양초는 고체지만 불꽃을 내며 활활 타오른다고?

여우포켓몬 마폭시에게 화학을 배우자

양초를 예를 들어 생각해 보자. 양초에 불을 붙이면 심지에 스며든 고체 밀랍이 열에 녹아 액체가 되고, 그 액체 밀랍이 더욱더 열을 받아 증발해야 기체가 돼서 비로소 연소된다. 고체 밀랍이 바로 타 버리는 것이 아니다.

기름이나 알콜 등의 액체도 증발해 기체가 된 뒤에야 연소된다. 나무와 종이도 안에 있는 성분이 가열되어 기체로 변한 뒤 연소된다. 따라서 불꽃은 기체가 연소될 때 발생한다고 할 수 있다.

즉 불꽃이란 '연소 중인 기체'를 뜻한다. 마폭시가 들고 있는 나뭇가지는 언제나 끝부분이 불타고 있는데, 과학적으로 생각해 보면 나뭇가지가 불타는 것이 아니라 나뭇가지에서 '불타는 기체가 나온다'고 말하는 것이 정확하다.

◉ 철도 녹이는 온도 3,000℃

어쨌든 3,000℃는 굉장한 온도임에 틀림없다. 그 정도 온도의 불꽃이 실제로 존재할까?

물질이 연소한다는 것은 그 물질이 공기 중의 산소와 결합한다는 뜻이다. 주위의 산소량에 따라 연소 방식도 바뀐다. 예를 들어 타고 있는 나무를 산소가 가득한 용기에 넣으면 더 눈부신 빛을 내며 활활 탄다.

산소량에 따라 불꽃의 온도도 바뀐다. 아세틸렌이라는 기체는 공기 중에서 연소하면 2,500℃ 정도로, 밝은 빛을 내며 타오른다. 이 아세틸렌과 산소를 함께 연소시키면 불꽃의 온도가 상승하는데, 산소량에 따라 2,800~3,800℃라는 고온의 불꽃이 분출된다. 즉 현실 세계에서도 3,000℃의 불꽃을 만들어 낼 수 있긴 하다!

아세틸렌에 산소를 혼합하여 불꽃을 만드는 '아세틸렌 버너'는 철도 녹이며, 이 온도면 암석도 녹일 수 있다.

3,000℃인 마폭시의 불꽃도 그 정도의 위력이겠지. 철이나 암석으로 이루어진 포켓몬이 마폭시의 불꽃을 맞으면 위험해지는 이유다.

◉ 마폭시를 발견하면 멀리 도망가!

분위기가 좀 무서워졌지만, 마폭시와 가까운 거리에서 배틀을 벌이면 위험하다는 뜻으로 이해하면 된다. 그렇다면 어느 정도 거리를 두어야 안전할까?

양초 불꽃 가까이 손을 대면 불꽃에 손이 닿지 않아도 뜨겁다. 양초에서 열이 나오기 때문이다. 중간에 아무것도 없는데 열이 전달되는 현상을 '열복사'라고 한다. 태양열이 지구에 닿는 것도

열복사 때문이다. 3,000℃나 되는 불꽃은 주위로 전달되는 열도 엄청나다. 다만, 아세틸렌 버너의 불꽃이 주위를 뜨겁게 달구지 않는 이유는 지름 1cm, 길이 5cm 정도로 불꽃이 작기 때문이다.

그러나 마폭시의 '매지컬플레임' 기술의 불꽃 지름은 실제 게임 화면을 기준으로 재 보면 마폭시의 몸집보다 최대 두 배 정도

크다. 마폭시의 키가 1.5m니까 불꽃의 지름은 3m!

　이만큼 거대한 불꽃이면 주위가 엄청나게 뜨거워지겠지. 지름 3m, 온도 3,000℃인 불꽃은 반경 890m 이내의 모든 것을 3,000℃로 가열한다. 나무나 종이는 300℃만 되면 불에 닿지 않고도 타 버리는 자연발화를 일으키므로, 반경 890m 이내에 나무로 지어진 집이나 숲이 있다면 그 순간 불타기 시작한다는 뜻이다!

　3,000℃의 불꽃이 1.5km 거리 내에 있으면 피부 온도가 70℃를 넘게 돼 인간을 포함한 동물들도 화상을 입게 된다. 그렇다면 마폭시를 발견했을 때, 서둘러 1.5km보다 멀리 도망치지 않으면 위험하다! 3,000℃라는 무시무시한 불꽃을 다루는 마폭시가 제대로 마음먹고 싸운다면 만만치 않은 상대가 될 듯하다.

아귀포켓몬 초라기에게 물리를 배우자

두 개의 촉수에서 전기를 흘려 보내는 초라기에게 추천하는 공격법은?

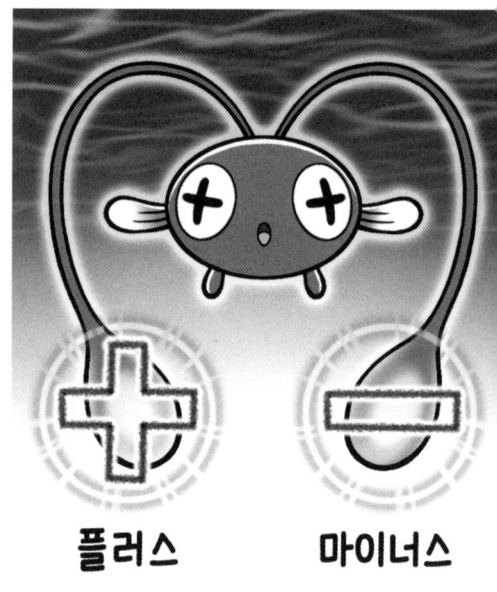

전기 타입 포켓몬들을 볼 때면 전기 이야기를 많이 할 수 있겠다는 생각에 뿌듯하다. 전기는 친근한 존재지만 눈에 보이지 않아 그만큼 이해하기 어렵기 때문이다.

전기 타입 포켓몬들의 능력에는 전기의 성질이 잘 나타나는데, 그중 초라기는 정말 대단한 포켓몬이다. 두 개의 촉수로 플러스(+)와 마이너스(-) 전기를 흘려 먹이

초라기 아귀포켓몬

▼ 오메가루비

타입 물 전기
• 키 0.5m
• 몸무게 12.0kg

2개의 촉수로 플러스와 마이너스 전기를 흘려 먹이를 기절시킨다. 전기의 빛은 동료와의 신호다.

를 기절시킨다. 오오, 그야말로 전기의 성질을 한마디로 정리했다고 볼 수 있다. 모든 과학 교과서는 초라기를 연구 대상으로 삼아야 한다.

이렇게 혼자 떠들어 봤자 독자 여러분만 어리둥절하겠지. 최대한 마음을 차분히 가다듬고 설명할 테니 마지막까지 읽어 주기 바란다.

◉ 낭비 없는 알뜰한 공격

현실 세계에도 몸에서 전기를 흘려 보내는 생물은 존재한다.

전기뱀장어는 800V, 전기메기는 350V, 전기가오리는 10~220V의 전기를 물속에서 내보내 헤엄치는 물고기를 마비시켜 잡아먹는다. 특히 전기뱀장어가 쏘는 전기는 더 강력해서 강에 들어간 인간이나 말을 감전시켜 죽일 정도다. 도감에 따르면 초라기는 '강한 전기를 발생시키는 세포가 두 개의 촉수 안에 채워져 있다.

자신도 조금은 찌릿하고 마비된다고 한다' 알파사파이어 라고 되어 있다. 실제 생물들도 몸에 전기를 발생시키는 세포가 있다. 세포 하나하나가 만드는 전기는 약하지만 머리에서 배까지 많은 세포가 한 줄로 늘어서 있어 전기가 강해진다. 전기뱀장어는 머리가 플러스극이고 꼬리가 마이너스극, 전기메기는 그 반대다.

중요한 것은 전기가 흐르는 방식이다. 전기뱀장어의 경우 '머리(+) − 물 − 사냥감의 몸 − 물 − 꼬리(−)'로 전류가 흐른다. 이렇게 전기가 한 바퀴 도는 길을 '회로'라고 부르는데, 회로가 연결되지 않으면 전류는 흐르지 않는다.

포켓몬 도감의 설명에 따르면 초라기의 좌·우 촉수 가운데 한쪽은 플러스극, 다른 한 쪽은 마이너스극이라고 한다. 양쪽의 촉수를 상대방에게 갖다 대면 '촉수(+) − 상대방의 몸 − 촉수(−)' 회로가 완성되어 성공적으로 전류가 흐른다! 이것이 초라기의 전기 공격의 첫 번째 핵심이다.

게다가 초라기의 전기는 전기뱀장어보다 효과적이다. 전기뱀장어는 회로 중간에 물이 있기 때문에 물을 통과하는 분량만큼 전기가 낭비된다. 그에 비해 초라기의 촉수와 상대방 사이에는 아무것도 없기 때문에 모든 전기를 상대의 몸에 흘려 보낼 수 있다. 전기의 특성을 확실히 숙지한 포켓몬이 틀림없다.

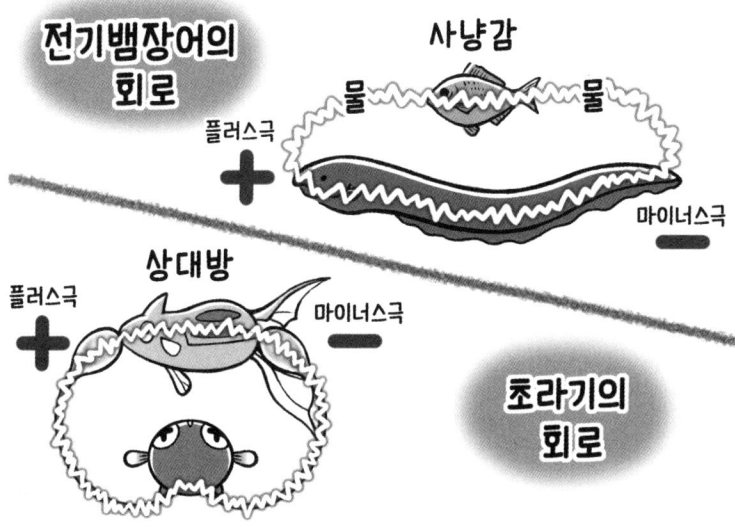

◎ 병렬 연결과 직렬 연결

초라기가 전기 공격을 더욱더 강화할 수 있는 두 번째 방법을 소개한다.

64쪽의【그림 ①】처럼 두 개 이상의 전지를 플러스극끼리, 마이너스극끼리 각각 연결하고 이를 꼬마전구나 모터에 연결한 회로를 '병렬 연결'이라고 한다. 그리고【그림 ②】처럼 두 개 이상의 전지의 플러스극과 마이너스극을 연결하고 전지의 플러스극과 마이너스극, 양쪽 끝을 꼬마전구 등에 연결한 회로를 '직렬 연결'이라고 부른다. 둘 중 어떤 연결을 선택하는지에 따라 꼬마전구의 밝기나 모터의 힘에 차이가 생긴다.

전지란 전압을 만들어 내는 장치다. 전압이란 '전기를 흘려 보내는 힘'을 말한다. 대부분의 건전지 전압은 1.5V(볼트)인데, 플러스극과 마이너스극의 전압이 1.5V 차이 난다는 뜻이다.

병렬 연결에서는 전지의 수를 늘려도 전압의 크기가 변하지 않는다. 그러나 직렬 연결에서는 연결한 전지의 수만큼 전압이 높아진다. 그리고 전압이 높아지면 전류도 강해진다.

전류란 '전기가 얼마나 세게 흐르는지'를 뜻하며, 1초 동안 내보

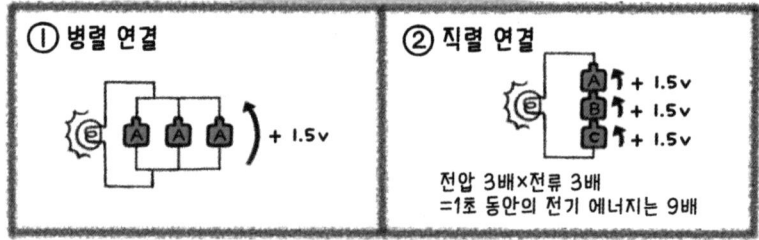

내는 전기 에너지는 '전압×전류'로 정해진다.【그림 ②】처럼 직렬 연결인 경우 전압이 3배, 전류도 3배가 되므로, 1초 동안의 에너지는 3×3=9배가 된다. 꼬마전구의 밝기도 모터의 힘도 아홉 배 강해진다.

이 책을 통해 초라기에게 전기 연결을 응용해 공격하는 방법을 추천하려고 한다. 전기의 빛으로 신호를 주고받는 동료가 있으니 직렬 연결과 병렬 연결로 상대를 공격하면 어떨까?

직렬 연결은【그림 ③】같은 전투 대열이다. 초라기 몇 마리가 플러스극 촉수를 옆에 있는 초라기의 마이너스극 촉수에 접촉시키고, 양쪽 끝에 위치한 초라기가 남은 촉수를 상대의 몸에 갖다 댄다. 세 마리면 그 위력이 아홉 배, 네 마리면 열여섯 배, 다섯 마리면 스물다섯 배가 된다! 물론 그만큼 많은 양의 에너지가 소비되고 초라기들도 몸이 더 찌릿찌릿하겠지만 이기려면 어쩔 수 없다.

초라기가【그림 ④】같은 대열을 만들면 병렬 연결이 된다. 상대에게 전해지는 전격의 위력이 세지지는 않아도 에너지 소비가 적어 공격을 오랫동안 계속할 수가 있다.

초라기도 전지도 어떻게 연결하느냐에 따라 다양한 유형으로 공격과 사용이 가능하니, 회로를 제대로 만들어 목적에 맞게 연결하여 쓰자.

별포켓몬 별가사리에게 생물과 지구과학을 배우자

몸을 재생시키고 별과 교신하는 별가사리의 핵, 두 능력은 무슨 관계일까?

〈상상초월 포켓몬 과학 연구소〉 시리즈는 포켓몬의 특징과 관계가 깊은 과학 분야를 제목에 함께 표시하는데, 별가사리는 참 난감했다. 포켓몬 도감에는 별가사리에 대해 이렇게 쓰여 있다.

'몸의 중심에서 빛나는 핵이 있는 한 몸이 찢겨 나가도 재생할 수 있다.' X

'가운데에 있는 빨간 코어를 점

별가사리 별포켓몬 타입 물
● 키 0.8m
● 몸무게 34.5kg

▼ 오메가루비

여름이 끝날 무렵 밤에 모래 해변에 가면 핵이라고 불리는 기관을 붉게 빛내는 별가사리가 별처럼 보인다.

멸시켜 밤하늘의 별과 교신하는 것 같다.' 알파사파이어

하나는 몸의 재생이라는 생물 분야고, 다른 하나는 밤하늘의 별이라는 지구과학 분야다. 설명할 내용이 너무 동떨어져 있잖아!

분명 현실 세계의 불가사리도 몸이 재생되긴 하지만, 별과 교신한다는 건 무슨 소리지? 설마 별가사리가 별 모양이라서……?

썰렁한 망상은 접어 두고 별가사리에게 생물과 지구과학을 배워 보자.

◉ 생물에게 재생 능력이 있을까?

먼저 재생에 대해 생각해 보자.

앞서 설명했듯 불가사리는 팔이 잘려도 재생된다. 도마뱀의 꼬리가 재생되는 사실은 유명하고, 도롱뇽과 비슷한 '영원'이라는 생물 역시 다리가 잘려도 재생된다. 더 원시적인 히드라나 플라나리아는 몸이 잘게 조각나도 조각난 수만큼 히드라와 플라나리

아가 된다. 인간에게는 그렇게 강력한 재생력이 없지만 어느 정도의 상처는 원래대로 회복되는데, 이것도 어찌 보면 재생이라 할 수 있다.

생물의 재생에 대해 도마뱀의 예를 들어 보자. 도마뱀은 고양이 같은 동물이 꼬리를 공격하면 스스로 꼬리를 자르고 도망간다. 이 행동을 '자절'이라고 하는데 잘린 꼬리는 다시 재생된다. 도마뱀이 자절하는 위치는 정해져 있기 때문에 만약 사람이 아무 위치나 마음대로 자르면 재생되지 않는다. 재생된 꼬리는 뼈 대신 연골(말랑말랑한 뼈)이 생겨 꼬리가 말랑말랑해진다.

자절한 절단면의 뼈, 근육, 혈관, 피부는 제각각의 특징을 잃고 '재생아(아체)'라는 세포 덩어리가 되어 처음부터 다시 시작한다. 시간이 경과하면 재생아 세포는 옆에 있는 이웃 세포와 같은 것으로 변한다. 근육과 가까운 세포는 근육이 되고, 혈관과 가까운 세포는 혈관이, 그리고 뼈와 가까운 세포는 연골이 된다.

이것이 현실 세계에서 이뤄지는 재생의 흥미로운 점이다. 재생아 세포는 옆에 있는 세포로부터 무엇이 되어야 할지에 대한 정보를 얻는다. 뇌에서 명령을 받는 것이 아니라 상처 부위와 그 주위 좁은 범위 안에서 처리해 재생한다. 인간의 경우도 마찬가지라서 상처의 재생은 뇌가 조절하는 영역이 아니다.

이에 비해 핵이 있는 한 몸이 조각나더라도 재생되는 별가사리는, 핵이 상처를 재생하는 것 같다. 즉 별가사리는 현실 세계의 불가사리와 비슷하게 생겼지만 전혀 다른 생물인 것이다.

☄ 어느 별과 교신할까?

핵의 또 다른 능력은 '별과의 교신'이다. 갑자기 이야기의 규모가 커져서 어디서부터 생각해야 하나 고민되겠지만 힌트가 있다. 포켓몬 도감에 따르면 별가사리가 교신하는 것은 '여름이 끝날 무렵'이다.

밤하늘에 보이는 별은 계절마다 바뀐다. 1년에 한 바퀴(365일에 360°) 회전하므로 하루에 거의 1°씩 동쪽에서 서쪽으로 움직인다. 따라서 계절과 시각을 알면 어떤 별이 보이는지도 알 수 있다. 즉 별가사리가 교신하는 별은 여름이 끝날 무렵 보이는 별 중 하나다.

별가사리가 교신하는 시간대를 8월 말, 저녁 8시부터 10시쯤이라고 가정해 보자. 현실 세계에서 그 시기에 보이는 별자리는 거문고자리, 독수리자리, 백조자리, 헤라클레스자리, 페가수스자리 등이다.

멀리 있는 별과 빛으로 교신하려면 아주 긴 시간이 필요하다.

위 별자리들 중 지구에서 가장 가까운 별은 '견우성'이라고 불리는 독수리자리의 알타이르며, 지구와의 거리는 16.7광년이다. 광년은 빛의 속도이므로 우주에서 가장 빠른 빛이라도 도착하는 데 16.7년이 걸리는 거리다. 즉 별가사리가 알타이르에 있는 누군가와 교신하려면 별가사리의 빛이 알타이르에 도착하는 데 16.7

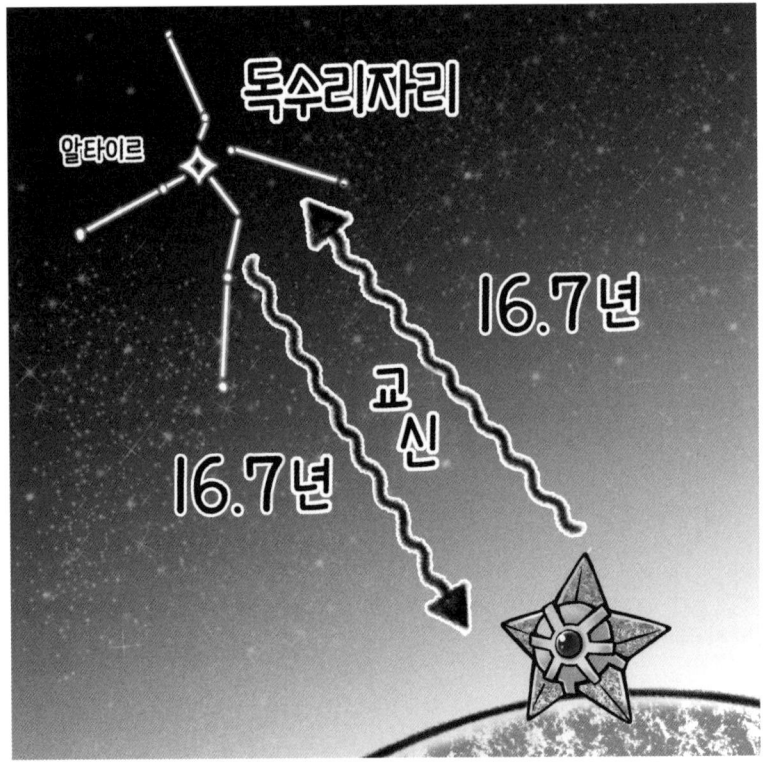

년, 답장이 도착하는 데 16.7년 걸리니까 총 33.4년이 걸린다.

그렇게 오랜 시간이 걸리면 곤란할 테니 별가사리의 핵은 어떤 수단을 써서 시간이 오래 걸리지 않게끔 교신할지도 모른다. 만약 그렇다면 이는 이미 과학의 영역을 넘어선 엄청난 능력이다.

◉ 인간도 마찬가지

'몸의 재생+별과 교신'이라는 완전히 다른 두 가지 능력을 발휘하는 별가사리의 핵. 어떻게 그런 일이 가능할까? 하지만 냉정하게 생각하면 당연할 수도 있다.

인간은 입으로 먹고, 숨쉬고, 말한다. 즉 하나의 입으로 먹기, 숨쉬기, 정보 발신 등 전혀 다른 활동을 한다. 뼈도 몸을 지탱하는 것 외에 칼슘을 저장하는 역할도 한다. 생물이 살아가는 데에는 필요한 것이 많아서 하나의 기관이 하나의 역할만 하면 몸의 구조가 너무 복잡해진다.

그렇게 생각하니 별가사리가 가깝게 느껴지기 시작한다. 별가사리가 별과 교신하는 이유는 무엇일까? 어쩌면 우주에서 온 생명체라서 고향 별로 돌아가고 싶어 하는 걸까? 혹시 어딘가의 모래사장에서 별가사리를 발견하면 부디 친절하게 대해 주자.

> 냉동포켓몬 프리져·전기포켓몬 썬더·화염포켓몬 파이어에게 지구과학을 배우자

프리져, 썬더, 파이어가 모이면 어떤 일이 일어날까?

얼음을 조종하는 프리져, 전기를 조종하는 썬더, 불꽃을 조종하는 파이어.

모두 유명한 전설의 새포켓몬들이다. 세 마리의 이름만 들어도 '이 중에서 제일 강한 포켓몬은 누구일까?' 하는 궁금증에 두근거린다.

얼음과 전기와 불꽃. 너무 다른 세 성질의 힘을 비교하기란 그리 간단하지 않다. 그럼 세 마리가 힘을 합

프리져 냉동포켓몬 　　타입 얼음 비행
▼ 오메가루비·알파사파이어
● 키 1.7m
● 몸무게 55.4kg

얼음을 조종하는 전설의 새포켓몬이다. 날갯짓하면 공기가 차갑게 식기 때문에 프리져가 날면 눈이 온다고 전해진다.

치면 어떻게 될까?

날씨와 연결지어 생각해 보면 정말로 흥미진진하다.

◉ 파이어의 불꽃은 1,400℃

포켓몬 도감의 그림을 보면 파이어의 몸은 오렌지색 불꽃을 내뿜는다. 색깔을 보면 불꽃의 온도를 알 수 있는데, 오렌지색이면 1,400℃ 정도이므로 촛불과 비슷할 듯하다.

몸에서 1,400℃의 불꽃을 뿜어내다니 대단하다. 파이어가 '날갯짓할 때마다 날개가 눈부시게 불타올라서 아름답다' ✕ 지만, 아름답다고 감탄할 때가 아니다.

보통 새가 1,400℃의 불꽃에 휩싸이면 통구이가 된다. 현실 세계에서 생물의 몸을 구성하는 단백질은 60℃가 넘으면 익어 버리기 때문에 원상태로 돌아오지 않는다.

파이어는 그런 현실 세계의 과학 수준을 능가한다. 뿐만 아니

썬더 전기포켓몬   타입 전기 비행
▼ 오메가루비・알파사파이어
• 키 1.6m
• 몸무게 52.6kg

전기를 조종하는 전설의 새포켓몬이다. 평상시는 번개 구름 속에서 지낸다. 번개를 맞으면 힘이 솟아난다.

라 몸에 상처가 생기면 마그마 속으로 들어가 치료한다는 이야기도 놀라울 따름이다.

'1,400℃의 불꽃을 뿜어내는 파이어니까 800~1,200℃인 마그마 속에서도 괜찮겠지'라고 느긋하게 생각하면 안 된다. 마그마는 암석이 녹아 액체가 된 물질이다. 즉 마그마의 온도는 바위가 녹아 버리는 온도다. 그 속에 생물이 들어가면 곧장 타 버리는 게 당연하다.

파이어는 '오래전부터 불새의 전설로 알려져 있다' ✗ 고 한다. 현실 세계에도 불새에 대한 전설이 있는데, 고대 이집트 신화에 등장하는 피닉스는 죽을 때가 되면 나무를 쌓고 날개로 불을 일으킨 뒤 스스로 불 속으로 뛰어들어 몸을 태우고 재 속에서 부활한다고 전해진다.

그러나 파이어는 마그마에서 부활하는 것이 아니라 느긋하게 상처를 치료한다. 펄펄 끓는 마그마도 파이어에게는 온천 정도인

파이어 화염포켓몬 　타입 불꽃 비행
▼ 오메가루비·알파사파이어
● 키 2.0m
● 몸무게 60.0kg

불꽃을 조종하는 전설의 새포켓몬이다. 몸이 상처 입으면 분화구의 마그마에 들어가 전신을 불태워 상처를 치료한다고 한다.

걸까? 역시 파이어는 전설을 능가하는 놀라운 포켓몬이다.

◉ 프리져는 −20℃를 조종한다

얼음을 조종하는 포켓몬 프리져. 프리져가 눈을 내리게 한다는 점에 주목하자.

눈은 공기 중의 수증기가 식어서 얼음 알갱이로 변한 것이다. 높은 하늘 위는 땅보다 훨씬 춥다. 고도가 100m 올라갈 때마다 기온은 0.6℃씩 내려간다. 땅 부근이 10℃이면 5,000m 상공은 이미 −20℃의 얼음장이라는 뜻이다.

그 정도로 추운 곳에서는 수증기가 얼음으로 바뀐다. 이윽고 얼음 알갱이가 커져서 무거워지면 아래로 떨어지기 시작하는데 지상까지 내려가며 통과하는 공기의 온도가 0℃ 이상이면 녹아서 비가 된다. 0℃ 이하면 얼음 알갱이 상태로 떨어지는데, 그것이 바로 눈이다. 상공의 기온이 −20℃일 때 눈이 가장 생기기 쉽다. 즉 프리져도 공기를 -20℃ 정도로 차갑게 만들 수 있다는 애기일 테니, 프리져의 체온은 그보다 낮을지도 모른다.

차가운 공기는 무거워서 땅 쪽으로 내려온다. 만약 프리져가 하늘에 나타나면 인간이나 포켓몬은 추워서 견딜 수가 없다. 참 성가신 포켓몬이군!

프리져에 대해서는 이런 설명도 있다.

'설산에서 추워 죽을 것 같을 때 눈앞에 나타난다고 하는 전설의 냉동포켓몬.'

눈을 내리게 할 수 있을 정도로 체온이 낮은 포켓몬이 추워서 죽어 가는 사람 앞에 나타나면 그 사람은 치명상을 입는 셈이다.

두 마리가 동시에 나타나면?

이렇게 대조적인 파이어와 프리져가 동시에 나타나면 어떻게 될까?

앞에서 설명했듯이 공기는 높은 하늘로 올라갈수록 차갑기 때문에 뜨거운 파이어가 아래에, 차가운 프리져가 위에 있다면 평상시 현실 세계의 대기처럼 보인다.

그러나 둘의 온도 차이는 매우 크다. 1,400℃인 파이어의 몸에서 뜨거운 공기가 올라가고(상승기류), -20℃인 프리져의 몸에

서는 차가운 공기가 내려온다(하강기류). 두 공기는 이윽고 서로 충돌하게 된다. 불꽃 때문에 위로 올라가는 뜨거운 공기에는 수증기가 가득한데, 이 수증기가 차가운 공기와 충돌하면 바람이 일고 비가 내려 폭풍우가 발생한다.

반대로 파이어가 위, 프리져가 아래에 있으면 어떻게 될까? 파이어의 몸에서는 뜨거운 공기가 올라가고 프리져의 몸에서는 차가운 공기가 내려오므로 둘 사이의 공기가 줄어들면서 주위에서 공기가 소용돌이치며 불기 시작한다.

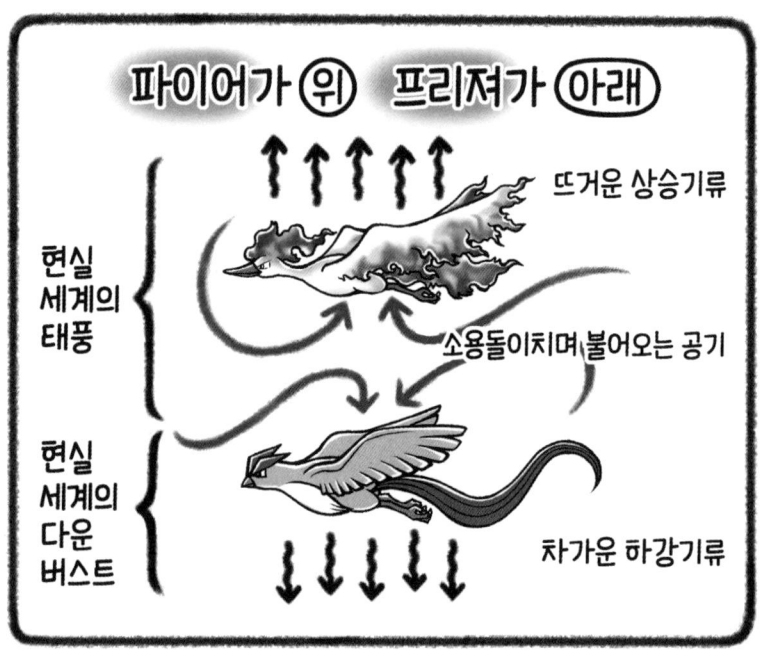

　파이어의 몸에 닿은 공기는 뜨거운 상승기류가 되어 저기압과 태풍을 발생시킬 것이다. 한편, 프리져의 몸에 닿은 공기는 차갑고 강력한 하강기류가 되어 '다운 버스트' 현상을 일으킬 수 있다. 다운 버스트란 숲의 나무들을 마구 쓰러뜨리고 비행기를 추락시키는 무시무시한 자연현상이다.

　어느 쪽이 위, 어느 쪽이 아래가 됐건 두 포켓몬이 동시에 등장하면 날씨가 엉망이 되는 것이다.

⊙ 번개는 왜 생길까?

지금까지 파이어와 프리져 얘기만 했다고 해서 썬더를 잊고 있었던 건 아니다. 오히려 과학적으로 더 흥미로운 것은 썬더다. 썬더는 평소에는 쌘비구름(적란운) 안에 살며 번개를 맞으면 힘이 솟아난다고 한다.

썬더가 사는 쌘비구름은 강한 상승기류에서 발생한다. 상승기류가 발생하면 그 안에 있던 수증기는 상공에서 차갑게 식어 얼음 알갱이가 되고, 그 얼음 알갱이들이 모여 쌘비구름이 된다.

얼음 알갱이는 상승기류에 의해 위로 올라가면서 크기가 커진다. 그리고 상승기류가 감당 못할 정도로 무거워지면 아래로 떨어지면서 상승하는 작은 얼음 알갱이들과 부딪힌다. 이 충돌로 인해 정전기가 발생하고, 얼음 알갱이가 큰 쪽에는 음전하(-전기)가, 작은 쪽에는 양전하(+전기)가 쌓인다.

쌘비구름에도 작은 알갱이가 모인 위쪽에 양전하가, 큰 알갱이가 모인 아래쪽에 음전하가 쌓인다.

구름 아래쪽 음전하는 지표면에 양전하를 불러 모은다. 이 전압이 점점 세져 한계를 넘으면 구름과 지면 사이에서 '빠직' 하고 전기가 흐르는데, 이것이 바로 번개다. 구름 꼭대기와 밑면 혹은 구름과 구름 사이에 발생하는 번개는 '**구름방전**'이라고 부른다.

썬더는 쌘비구름에 산다고 하니 아마도 이 구름방전을 맞으며 살지 않을까?

⊙ 전설의 포켓몬 세 마리가 모이면?

흥미로운 점은 쌘비구름이 항상 존재하지 않는다는 사실이다. 하지만 썬더는 쌘비구름 속에 산다. 무슨 소리지? 썬더가 스스로 쌘비구름을 만드는 걸까?

쌘비구름을 조종한다니 물론 그럴 가능성도 있다. 그러나 사실은 파이어와 프리져가 관련되어 있지 않을까 의심되기도 한다.

앞에서 설명했듯이 쌘비구름이 발생하려면 상승기류가 꼭 필요하다. 그러려면 땅 가까이에 있는 공기를 따뜻하게 데워야 한다. 공기를 따뜻하게 데우는 것은 파이어의 주특기다.

그리고 쌘비구름을 만들려면 상승기류를 차갑게 식혀야 한다. 이것을 잘하는 포켓몬은? 맞다, 프리져다.

낮은 하늘에서 파이어가 공기를 따뜻하게 데워 상승기류를 만들고, 높은 하늘에서 프리져가 상승기류를 차갑게 식힌다. 그러면 쌘비구름이 생기니까 썬더는 그 안에서 살면 된다. 때때로 번개를 맞기라도 하면 기운이 나서 힘이 펄펄 넘치겠지. 이 얼마나 멋진 합동 플레이인가!

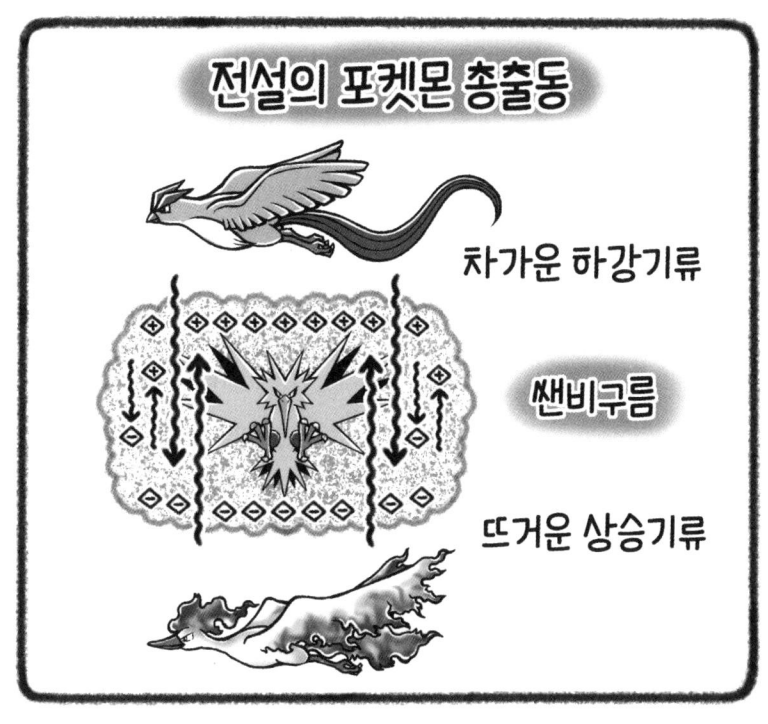

　과학적으로 생각하면 세 포켓몬은 아주 친한 사이가 분명하다. 아니, 그런 관계가 되어 주길 바란다. 만약 하늘에서 셋이 싸운다면 불꽃과 얼음과 번개가 공기 속에서 뒤엉켜, 얼마나 무서운 천재지변이 벌어질지 상상도 할 수 없으니까.

빙산포켓몬 레지아이스에게 화학을 배우자

-200°C의 냉기를 다루는 레지아이스, 세계가 멸망할지도 몰라!

레지아이스에 대한 해설을 포켓몬 도감에서 읽고 몇 번이나 놀랐다. 빙하시대에 만들어진 얼음에서 생겨났다니? 현실 세계에서 가장 최근의 빙하시대가 지금으로부터 10,000년 전에 끝났으니, 레지아이스의 나이는 10,000살이 넘을지도 모른다는 얘기다.

또 얼음으로 된 몸은 불꽃으로도 녹일 수 없다고? 얼음의 온도는

레지아이스 빙산포켓몬 타입 얼음
▼ 오메가루비
● 키 1.8m
● 몸무게175.0kg

빙하시대에 만들어진 얼음으로 된 몸은 불꽃으로도 녹일 수가 없다. 영하 200도의 냉기를 다룬다.

분명 0℃보다 낮고, 0℃가 되면 녹기 시작한다. 불꽃을 맞으면 곧 0℃가 넘어서 녹아 버릴 텐데……? 게다가 -200℃의 냉기를 다루기까지? 도대체 얼마나 차갑길래? ……놀라지만 말고 레지아이스의 수수께끼에 대해 생각해 보자.

◉ 마그마로도 녹지 않는 얼음

빙하시대에 만들어진 얼음은 현실 세계에도 있다. 남극 대륙에 있는 대부분의 얼음은 수십만~수만 년 전에 생겼다. 현재의 인류가 탄생한 것이 20만 년쯤 전이므로 그 전부터 얼음이 얼어 있던 상태였다. 그런 사실을 생각하면 레지아이스의 얼음이 빙하시대에 만들어졌다고 해도 그렇게 놀랄 일은 아니다.

하지만 아무리 옛날 옛적부터 얼어 있던 남극의 얼음이라도 25℃ 정도의 방에 놔두기만 하면 금방 녹아서 물이 된다. 그런데 불꽃으로도 녹일 수 없다니?

그뿐만이 아니다. 해설에는 '영하 200도의 냉기가 몸을 감쌌다. 가까이 다가가기만 해도 얼어붙는다. 마그마에도 녹지 않는 얼음으로 된 몸을 지녔다' 알파사파이어 고 쓰여 있다. 아이고, 추워라.

불꽃도 온도가 제각각이라 모닥불의 온도는 800℃, 촛불은 1,400℃, 가스 토치의 불꽃은 1,300~1,700℃다. 실제로 공상과학 연구소 냉동고에서 꺼낸 가로 3cm, 세로 3cm, 높이 2cm 정도의 얼음에 가스 토치의 불꽃을 가져다 대자 23초 만에 완전히 녹았다.

화산 폭발로 분출된 마그마의 온도는 1,000℃ 전후로 가스 토치의 불꽃보다 낮지만, 그렇다고 해서 얼음을 녹이는 힘이 불꽃보다 약하지는 않다. 불꽃은 온도가 높은 기체지만 마그마는 액체다. 같은 크기의 얼음을 100℃로 끓는 물에 넣으니 16초 만에 녹았다. 가스 토치보다 온도가 낮은데도 똑같은 크기의 얼음을 더 빨리 녹였다는 뜻인데, 그 이유는 기체보다 액체가 접촉한 물체에 열을 더 빨리, 더 많이 전달하기 때문이다.

◉ 종이냄비로 알아본 레지아이스의 수수께끼

레지아이스의 수수께끼에 대해 생각할 때 힌트가 되는 것이 종이로 만든 냄비다. 일반 가정에서는 별로 사용하지 않지만, 요즘은 캠핑 같은 야외 활동을 할 때 많이 쓰이고 있다.

종이냄비에 국물과 재료를 담아 버너에 올려놓고 불을 붙이면 보통 냄비처럼 국물이 끓고 재료가 익어 따끈따끈한 요리가 완성된다. 화로의 불이 종이에 계속 닿아서 금방 냄비가 타 버릴 것 같지만 아무리 기다려도 불에 탈 것 같은 낌새는 없다.

종이냄비가 불에 타지 않는 이유는 무엇일까?

종이는 300℃가 넘는 온도로 가열하면 타지만, 종이냄비는 그 안에 국물이 들어 있다. 국물의 성분은 대부분이 물이라 100℃에서 끓어서 더 이상 온도가 올라가지 않는다. 따라서 국물을 담은 종이도 100℃ 이상 온도가 올라가지 않아 절대 타지 않는다.

이렇게 생각해 보면 레지아이스의 몸을 구성하는 얼음도, 그

빙산포켓몬 레지아이스에게 화학을 배우자

구조는 확실하지 않지만 평소에 0℃보다 낮은 온도를 유지하고 있지 않을까? 그렇다면 불꽃을 쫴도, 마그마 속에 들어가도, 얼음이 녹지 않는다. 오히려 마그마가 식어서 바위로 변한다.

◎ 전 세계의 공기가 얼어붙는다

가장 두려운 것은 −200℃의 냉기를 자유자재로 다룬다는 레지아이스의 능력이다.

겨울날 아침 유리창이 뿌옇게 흐려져 있을 때가 있다. 실내의 수증기(기체)가 차가운 창문 유리로 인해 식어서 물(액체)로 변했기 때문이다. 바로 결로(이슬 맺힘) 현상이다.

공기도 마찬가지다. 식으면 액체가 되고, 더 식으면 고체가 된다. 공기는 78%의 질소와 21%의 산소로 이루어져 있고, 질소는 −196℃에서 액체가, −210℃에서 고체가 된다. 또, 산소는 −183℃에서 액체가, −218℃에서 고체가 된다. 그렇다면 레지아이스의 −200℃의 냉기는 산소와 질소를 액체로 만들어 버릴 터. 즉 공기가 식어 결로한다!

게다가 −200℃의 공기를 다룬다니, 레지아이스의 체온은 그보다 낮을 것이다. 만약 레지아이스의 체온이 산소도 얼어붙는 −218℃보다 낮으면 어떻게 될까?

레지아이스의 몸에 결로된 공기가 그대로 얼어붙을 것이다. 그리고 얼어붙은 공기 표면에 계속해서 주변 공기가 결로해 붙는다. 같은 현상이 계속 되풀이되면 레지아이스의 몸은 점점 거대해진다.

지구 공기의 대부분은 고도 10km 아래에 모여 있어서 레지아이스도 키가 10km를 넘지는 않을 것이다. 대신 점점 옆으로 커지겠지. 결국 지구의 모든 공기를 얼려서 몸에 붙인 레지아이스는 키 10km, 너비 760km, 몸무게 5,000조t 이라는 초거대 포켓몬이 될지도 모른다. 그때는 지구에 기체 상태의 공기가 사라졌을 테니 모든 생물은 멸망을 피할 수 없을 것이다. 불꽃에도, 마그마에도 녹지 않는 레지아이스, 정말 무시무시한 포켓몬이다.

빙산포켓몬 레지아이스에게 화학을 배우자

레슬링포켓몬 루차불에게 물리를 배우자

하리뭉과 막상막하로 싸우는 루차불, 무시할 수 없는 레슬링 실력!

레슬링포켓몬 루차불.

체구는 작지만 그 실력을 무시할 수 없다. 괴력몬이나 하리뭉과도 막상막하로 싸운다고 하니까 말이다.

그리고 이런 설명도 있다. '날개를 사용해 공중에서 자세를 컨트롤한다. 막기 어려운 머리 위에서부터 공격해 온다.' ▼ 이것은 루차불의 주특기인 공중 내리찍기, 플

루차불 레슬링포켓몬 타입 격투 비행
• 키 0.8m
• 몸무게 21.5kg

▼X

체격은 작지만 괴력몬이나 하리뭉 등의 커다란 포켓몬과 막상막하로 싸우는 테크니션이다.

라잉프레스!

공중 내리찍기라고 하면 '밀 마스카라스'라는 프로 레슬러가 떠오른다. 1970년대에 활약한 멕시코의 복면 레슬러로 주특기는 점프하여 몸을 부딪치는 '플라잉 바디 어택'이었다. 마스카라스의 화려한 공중 기술에 팬들은 열광했다. 역삼각형으로 멋지게 단련된 상체도 루차불과 매우 닮았는데…….

옛날 일이나 떠올리고 있을 때가 아니지. 마스카라스가 강력했던 이유는 빼어난 공중 기술과 키 180cm, 몸무게 105kg라는 탁월한 체격 조건 때문이었다. 그에 비해 루차불은 키 0.8m, 몸무게 21.5kg에 불과하다. 이렇게 작은 몸으로 체격이 큰 격투 타입 포켓몬들과 어떻게 막상막하로 싸울 수 있을까?

◉ 너무나도 강한 라이벌들

격투기에서는 몸무게가 매우 중요하다. 몸무게가 두 배 차이나는 선수끼리 같은 속도로 충돌하면 무거운 쪽은 그 자리에 멈추지만, 가벼운 쪽은 부딪친 속도와 같은 속도로 튕겨져 나가기도 한다.

그렇다면 루차불이 막상막하로 싸운다는 괴력몬이나 하리뭉의 체격은?

괴력몬은 키 1.6m, 몸무게 130kg이다. 하리뭉은 2.3m, 253.8kg. 괴력몬은 루차불의 6배, 하리뭉은 11.8배나 무겁다. 게다가 괴력몬과 하리뭉은 덩치도 크지만 공격력이나 방어력도 뛰어나다.

괴력몬은 '네 개의 팔을 보이지 않을 정도로 빠르게 움직여 2초간 1,000발의 펀치를 날린다' 다이아몬드. 2초 동안 1,000발이라니. 괴력몬의 체격으로 그런 초고속 연발 펀치를 날리려면 한 발 한 발의 펀치당 3M(마하)의 스피드가 필요하다. 헉, 3M의 펀치가 1초에 500발!

하리뭉은 '손바닥치기 한 방으로 10t 트럭을 날려 버린다' X 고 한다. 트럭을 날려 보내는 이상 적어도 트럭 길이보다는 멀리 날려야 할 테니까 10m쯤 날리겠지. 10t을 손바닥치기로 10m를 날리면 그 충격력은 24,000t이나 된다. 충격력이 몇만t이라니. 게다가 '살이 찐 몸은 근육 덩어리다. 힘껏 전신에 힘을 집중하면 근육은 바위만큼 단단해진다' 알파사파이어 고까지 한다.

공격과 방어, 양쪽 모두 대단하다. 루차불은 이런 초강력 포켓몬들을 상대로 어떻게 싸우면 좋을까……?

◉ 실제로 어떻게 싸울까?

루차불이 이 두 포켓몬을 상대로 어떻게 싸울지 구체적으로 상상해 보자.

괴력몬의 '마하3펀치'는 한 발이라도 맞으면 위험하다. 3M는 소총의 총알이 날아가는 속도다. 그리고 괴력몬의 주먹은 총알 무게(5~25g)보다 훨씬 무겁다. 괴력몬의 주먹에 맞으면 루차불은 5.2km나 날아가 버린다!

하리뭉의 '손바닥치기'도 경계 대상이다. 손바닥치기의 충격력은 '손바닥의 무게×속도'로 결정되므로 충격력이 24,000t이라면 하리뭉의 큰 손바닥도 상당히 빠르게 날아오는 셈이다. 계산해 보면 10M 이상이다. 이런 일격을 맞았다가는 1,200km나 날아가게 된다. 만약 서울에서 손바닥치기 공격을 맞는다면 일본 도쿄까지 날아가는 셈이다.

이런 치명적인 공격을 피하려면 루차불은 상대방의 뒤로 돌아가야 한다. 상대의 뒤로 돌아서 공격하는 기술을 '고 비하인드'라고 부르는데, 레슬링의 기본 기술 중 하나다. 마스카라스도 이 기

술이 뛰어났으며, 올림픽 레슬링 경기에서도 이 기술로 점수를 땄다.

그럼 뒤로 돌아간 루차불은 어떻게 하면 될까? 마스카라스처럼 플라잉 바디 어택을 날려야 할까?

아니, 그러면 안 된다. 마스카라스가 강력했던 까닭은 마스카라스의 몸무게가 105kg이었기 때문이다. 몸무게 21.5kg인 루차불이 같은 기술을 시도해 봤자 자기만 다치게 된다(속도가 빠르면 빠를수록 더 다칠 것이다). 특히 전신에 힘을 실어 근육이 바위처럼 딱딱해진 하리뭉에게 이 기술을 시도했다가는 자진해서 바위에 부딪히는 것이나 다름없다. 역시 포켓몬 도감에 쓰여 있는 대로 날개를 사용해 날아올라 머리 위에서 공격을 날리는 플라잉프레스가 정답이다.

  루차불이 뒤로 돌아가면 괴력몬과 하리뭉은 루차불이 사라졌나 싶어 돌아본다. 그러나 뒤돌아 봐도 루차불의 모습은 보이지 않고 머리 위에 떠 있다!

  펀치나 손바닥치기는 하늘 높이 있는 상대를 향해 날리지 못하니까 제아무리 강력한 괴력몬이나 하리뭉이라도 조준이 빗나가면 위력이 떨어지지 않을까? 그 빈틈을 뚫고 정수리에 킥, 펀치, 당수로 공격 개시!

  배틀 장면을 상상하니 즐거워서 견딜 수가 없다. 루차불의 화려한 플라잉프레스 기술을 두 눈으로 생생히 보고 싶다.

태양포켓몬 해루미에게 생물을 배우자

햇빛으로 만든 양분으로 활발히 움직이는 해루미, 에너지가 부족하지 않을까?

해루미의 밝은 표정은 금방이라도 춤을 출 것처럼 즐거워 보여 마음이 치유되는 느낌이다.

도감에 따르면 해루미는 태양 에너지로 영양을 만들어 내 활발하게 움직인다고 한다. 또 '쬔 햇볕을 에너지로 변환하기 위해 낮에는 계속 태양 쪽을 바라본다' 블랙2 화이트2 는 설명도 있으니, 햇빛이 해루미를 활기차게 만들

해루미 태양포켓몬   타입 풀

▼ 오메가루비 · 알파사파이어
- 키 0.8m
- 몸무게 8.5kg

태양 에너지에서 영양을 만들어 낸다.
기온이 높은 낮에는 활발하게 움직이고
태양이 지면 뚝 하니 움직이지 않게 된다.

어 준다는 것은 틀림없는 사실인 듯하다.

과학적으로도 흥미로운 문제인데, 해루미는 햇빛으로 얼마나 많은 영양분을 만들 수 있을까?

☀ 해바라기가 태양을 바라보는 이유

현실 세계의 식물은 '광합성'이라는 과정을 통해 햇빛으로 양분을 만들어 낸다. 즉, 태양 에너지를 이용해 잎에서 흡수한 이산화탄소와 뿌리에서 빨아들인 물로 녹말을 만든다.

광합성에 필요한 것 가운데 이산화탄소는 공기 안에 가득하고, 물은 땅속에서 뿌리로 빨아들일 수 있다. 따라서 식물에게 가장 중요한 과제는 어떻게 햇빛을 얻는가다.

해바라기가 태양을 바라보는 것도 빛을 효율적으로 받기 위해서다. 줄기가 태양을 향해 구부러지며 자라 햇빛을 많이 받을 수 있게 방향을 바꾼다.

이러한 움직임은 '옥신'에 의한 것이다. 옥신은 식물을 성장시키는 호르몬으로, 줄기나 꽃봉오리 끝, 뿌리 등 햇빛이 들지 않는 부분에서 만들어진다. 그 결과 빛이 들지 않는 쪽이 잘 자라면서 줄기가 햇빛 방향으로 구부러지며 성장한다.

옥신은 해바라기뿐만 아니라 다른 식물에서도 만들어진다. 창가에 화분을 놓으면 식물은 창문을 향해 자라는데 이것도 옥신의 활동에 의한 것이며, 해바라기의 움직임이 눈에 띄는 것은 해바라기가 크고 빨리 자라기 때문이다.

◎ 해루미가 대단한 까닭

해루미가 태양 쪽을 보고 있는 것도 햇빛을 많이 받기 위해서겠지만, 현실 세계의 식물들과 달리 해루미는 옥신에 의존할 필요가 없다.

왜냐하면 해루미에게는 두 발이 있기 때문이다. 옥신의 힘으로 성장하며 천천히 태양 쪽으로 구부러질 때까지 기다릴 필요 없이 해가 잘 드는 장소로 걸어가면 된다. 경우에 따라서는 땅에 벌렁 누워 햇빛을 잔뜩 쬘 수도 있다. 현실 세계의 식물은 절대 흉내도 못 낼 능력이다.

만약 해루미가 실제 식물처럼 광합성을 할 경우 물도 필요할 것이다. 식물은 땅속에 뻗은 뿌리로 물을 빨아들이지만 해루미는 걸을 수 있으니 이런 점에서도 유리하다. 강이나 연못으로 걸어가 큰 입으로 꿀꺽꿀꺽 물을 마시면 된다. 해루미는 정말로 광합성에 적합한 체질의 포켓몬이다!

◎ 얼마나 많은 양분을 만들 수 있을까?

이렇게 언뜻 보기에는 장점만 가득할 것 같은 해루미지만 무슨 일이든 장점과 단점이 있는 법. 두 발을 이용해 부지런히 돌아다니면 빛과 물을 효율적으로 얻을 수 있을 것이다. 그러나 그렇게 만들어지는 에너지가 해루미의 활발한 활동에 충분할까?

현실 세계의 식물은 낮에 광합성을 함과 동시에 밤낮으로 호흡한다. 광합성으로 만든 양분 중 일부를 호흡으로 소비하고 남은 양분은 열매로 모아 두거나 몸의 성장에 사용한다. 잎의 면적 $1m^2$당 하루 평균 310kcal의 양분을 광합성을 통해 만들고, 90kcal를 호흡으로 소비한다. 남은 220kcal가 식물의 열매나 몸을 만든다.

이를 토대로 해루미가 현실 세계의 식물과 같은 효율로 광합성과 호흡을 한다고 가정해 보자.

해루미의 손, 몸, 발 등 녹색 부분의 면적을 합치면 0.13m^2 정도일 것이다. 그렇다면 해루미가 만드는 에너지는 40kcal다. 호흡으로 소비하는 에너지는 12kcal다. 그렇다면 해루미가 활동에 쓸 수 있는 에너지는 28kcal다.

좀 적지 않을까? 몸무게 8.5kg인 해루미에게 고작 28kcal라니, 1시간 15분 동안 춤추면 다 써 버리는 에너지다. 여름에 태양이 떠 있는 시간은 평균 14시간이다. 그 시간 동안 계속 활발히 움직인다면 좀 모자랄지도 모른다. 포켓몬 도감에는 '태양이 지면 뚝하니 움직이지 않게 된다'는데, 그 이유는 에너지를 다 써 버려서가 아닐까?

식물은 움직이지 않기 때문에 광합성을 해서 싱싱하게 살아갈 수 있다. 거꾸로 말하면 동물은 움직임으로써 대량의 에너지를 사용 한다. 해루미가 그 점을 충분히 이해하고 애써 만든 에너지를 아껴 쓰길 바란다.

옛날거북포켓몬 프로토가에게 지구과학을 배우자

고대 화석에서 부활했다는 프로토가, 1억 년의 화석 생활은?

프로토가는 고대의 화석에서 부활했다고 한다. 게다가 '약 1억 년 전 바다를 헤엄쳐 다녔다' 오메가루비 고 하는데 정말 1억 년 전 화석에서 부활했을까?

화석이란 먼 옛날에 살던 생물의 몸이 돌이 되었거나 살던 흔적이 돌에 남은 것이다. 현실 세계에서 가장 오래된 것은 오스트레일리아에서 발견된 34억 년

프로토가 옛날거북포켓몬 타입 [물] [바위]
• 키 0.7m
• 몸무게 16.5kg

▼ 알파사파이어

고대 화석에서 부활했다. 1,000m 깊이까지 잠수할 수 있다.

전의 세균 화석이며, 5,000년 정도 전의 화석이 가장 최근에 발견된 것이다. 지금까지 수없이 많은 화석이 발견되었지만 화석에서 부활한 생물은 물론 없다. 프로토가는 어떻게 화석에서 당당하게 부활할 수 있었을까?

◎ 1억 년 동안의 화석 생활

앞에서 설명했듯이 화석은 옛날 생물의 몸이나 발자국, 서식지 등 생활의 흔적이 땅속에서 발견된 것이다. 그중 생물의 몸이 남아 있는 화석은 두 종류로 나뉜다.

하나는 뼈나 껍데기, 치아 등 몸의 딱딱한 부분이 그대로 남은 체화석이다. 지층의 강한 압력을 받아 돌처럼 딱딱하다.

다른 하나는 지면에 오랜 세월 묻혀 있는 동안 몸이 물에 녹아 생긴 구멍에 암석 성분(광물질)이 녹은 물이 흘러들어 조금씩 구멍을 메운 치환화석이다. 몸이 암석으로 바뀌었다는 뜻이다.

프로토가는 둘 중 어떤 화석일까? 분명 체화석이겠지. 치환화석이라면 프로토가의 모습은 그대로여도 몸속은 이미 암석일 뿐 프로토가 원래의 몸이 아니기 때문이다. 치환화석에는 유전자도 존재하지 않는다.

그렇지만 체화석이라고 해도 부활하기 어렵기는 마찬가지다. 체화석에 남아 있는 것은 몸의 단단한 부분뿐이므로 화석에 남은 프로토가의 몸도 뼈와 등딱지와 단단한 부리 정도일 텐데, 그 정도만 가지고 어떻게 부활할 수가 있지?

걱정이 되겠지만 안심하자. 앞에서 얘기한 체화석의 예는 대부분이 그렇다는 것일 뿐 다음과 같은 경우도 체화석에 포함된다.

예를 들어 소나무 수액이 굳으면 호박이라는 보석이 된다. 옛날에 수액에 빠진 곤충이나 거미가 호박 속에서 발견되는 경우가 있는데, 이것도 체화석이다.

또 시베리아의 얼어붙은 땅에서 뼈와 송곳니는 물론 근육과 지방까지, 살아 있던 때와 거의 똑같은 상태의 매머드가 발견된 적이 있다. 미국에서도 부드러운 혈관이 남은 티라노사우르스의 넓적다리뼈가 발견되었다. 이것도 엄연한 체화석이다.

근육이나 혈관 등 부드러운 조직에는 그 생물의 유전자가 남아 있을 가능성이 있다. 유전자를 다루는 기술이 조금만 더 발전하면 그런 세포를 이용해 매머드나 티라노사우르스를 부활시키는 것도 이론적으로는 가능하다.

프로토가도 부드러운 조직이 붙은 체화석 상태로 1억 년을 계속해서 자다가 어떤 계기를 통해 부활하지 않았을까?

◉ 거북은 1,000m까지 잠수할 수 있을까?

이렇게 부활한 프로토가의 또 한 가지 놀랄 만한 능력은 1,000m 깊이까지 잠수할 수 있다는 것이다.

프로토가를 보면 현실 세계의 바다거북이 연상되는데, 수심 1,000m 깊이까지 잠수하는 바다거북도 있다. 바로 최대 몸길이 1.8m, 몸무게 900kg인 장수거북이다.

이렇게 깊이 잠수할 수 있는 이유는 무엇일까? 장수거북은 일단 폐뿐만 아니라 근육에도 산소를 저장할 수 있어서 한 시간 이상 물속에 있을 수 있다. 또 몸집이 커서 몸 안의 열이 잘 빠져나가지 않고 뼈 속에 기름이 들어 있어 깊은 바다의 차가운 물속에서 체온을 유지하게끔 몸의 구조가 갖추어져 있다. 그리고 뜻밖에 등딱지가 푹신하고 뼈도 유연하다.

깊은 바다에서는 물의 무게로 인해 엄청난 **수압이 발생한다**. 수심 1,000m면 1cm^2당 100kg의 압력이다. 10원짜리 동전 면적을 씨름 선수 두 명의 몸무게를 실어 사방팔방에서 사정없이 꾹 누르는 상황을 상상해 보자!

이런 압력을 견디려면 등딱지가 튼튼하고 단단해야 좋을 것 같지만, 보통 거북의 등딱지로는 그 정도 수압을 견딜 수 없다. 장수거북은 진화 과정에서 오히려 수압을 거스르지 않는 길을 택한 것이다. 등딱지와 뼈가 부드러울 경우 몸이 변형되어 몸속에 있는 물의 힘으로 수압을 견뎌 낼 수 있다. 강한 힘을 부드럽게 받아들이며 가혹한 환경에서 살아가는 장수거북. 인생의 본보기로 삼고 싶은 파충류다.

◉ 160t에도 끄떡없는 등딱지

그럼 프로토가는 어떨까?

프로토가의 등과 배는 튼튼해 보이는 등딱지로 덮여 있다. 즉 프로토가는 수심 1,000m의 수압과 정면으로 싸우기를 선택한 것이다.

그래도 괜찮을까? 0.7m라는 키로 미루어 생각하면 프로토가의 등딱지는 길이 50cm, 너비 40cm 정도일 텐데. 그럼 면적은 약 1,600cm^2가 된다. 수심 1,000m에서는 1cm^2 당 100kg의 힘이 가해지니까 프로토가의 등딱지는 160t의 힘을 받는다!

프로토가의 등딱지는 이 압력을 견뎌 낼 수 있으니 가장 무거운 포켓몬인 원시그란돈(999.7kg) 160마리가 등딱지 위로 올라타도 괜찮다는 얘기다. 과연 1억 년의 체화석 생활도 견뎌 낸 포켓몬답다. 시공을 초월한 프로토가의 강인함에 존경을 보낸다.

무한포켓몬 라티아스에게 물리를 배우자

빛을 굴절시켜 모습을 바꾸는 라티아스의 깃털

라티아스는 유리 같은 깃털로 몸을 감싸 모습을 바꾼다고 한다. '빛을 굴절시키는 깃털로 전신을 둘러싸 모습을 보이지 않게 하는 능력을 가지고 있다' `블랙 2` `화이트 2` 는 해설로도 알 수 있듯이 빛의 굴절을 자유자재로 다루는 포켓몬이다.

빛의 굴절이란 공기와 물, 공기와 유리 등 재질이 다른 투명한 두 물질의 경계선에서 빛이 꺾이며

라티아스 무한포켓몬　타입 드래곤 에스퍼
● 키 1.4m
● 몸무게 40.0kg
▼ 알파사파이어
지능이 높아 사람의 말을 이해한다. 몸을 감싼 유리 같은 깃털로 빛을 굴절시켜 모습을 바꾼다.

구부러지는 현상이다. 물결치는 수영장 안이 흔들리는 것처럼 보이는 것도, 렌즈가 빛을 모으는 것도 다 빛의 굴절 때문이다.

빛의 굴절을 이용해서 모습을 바꾸거나 감추는 라티아스의 능력은 배틀에서도 매우 유리하다. 이런 라티아스의 기술에 대해 생각해 보자.

◎ 효과적인 빛의 굴절 이용법

빛의 굴절은 재질이 다른 투명한 두 물질의 경계선에서 일어난다. 빛이 굴절하는 정도는 어떤 물질을 통과하느냐에 따라 달라진다. 공기와 물, 공기와 유리 사이에서는 크게 굴절하지만 유리와 물 사이에서는 거의 굴절이 생기지 않는다. 라티아스의 깃털은 유리 같다니까 아마도 공기와의 사이에서 큰 굴절이 생기겠지.

108쪽의【그림 1】은 공기와 유리의 경계선에서 빛이 어떻게 굴절하는지를 나타낸다. 빛은 공기에서 유리로 들어갈 때 경계면에서 멀어지는 방향으로 굴절한다. 그리고 유리를 통과해 공기로 나갈 때에는 경계면에 가까운 방향으로 꺾어진다. 경계면이 평행일 때 유리로 들어가는 빛과 나갈 때의 빛은 평행이 된다.

또 【그림 2】처럼 유리의 겉면이 공처럼 둥근 모양이라면 유리로 들어간 여러 가닥의 빛은 유리를 통과해 하나의 점으로 모인다. 이것이 렌즈의 구조다.

빛이 통과하는 유리나 물의 형태가 여러 가지일 경우 반대쪽도 여러 가지로 일그러져 보인다. 예를 들어 유리컵에 물을 담고 친구

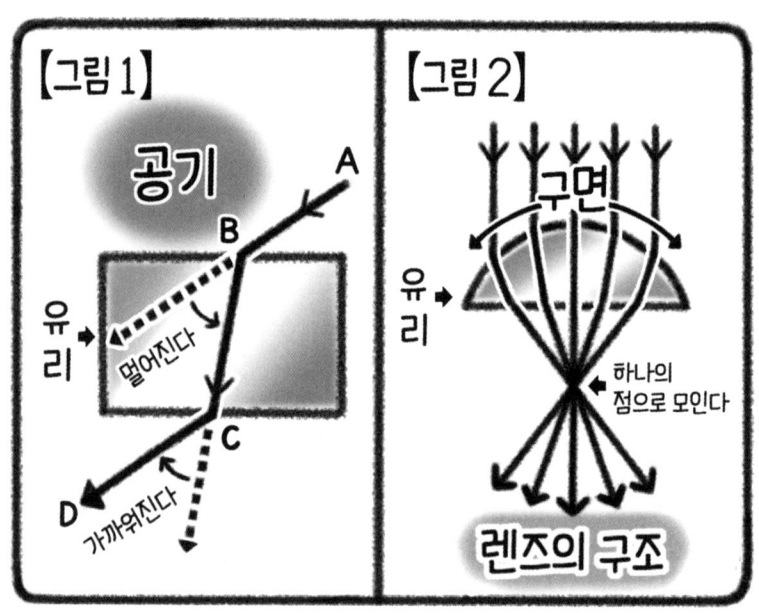

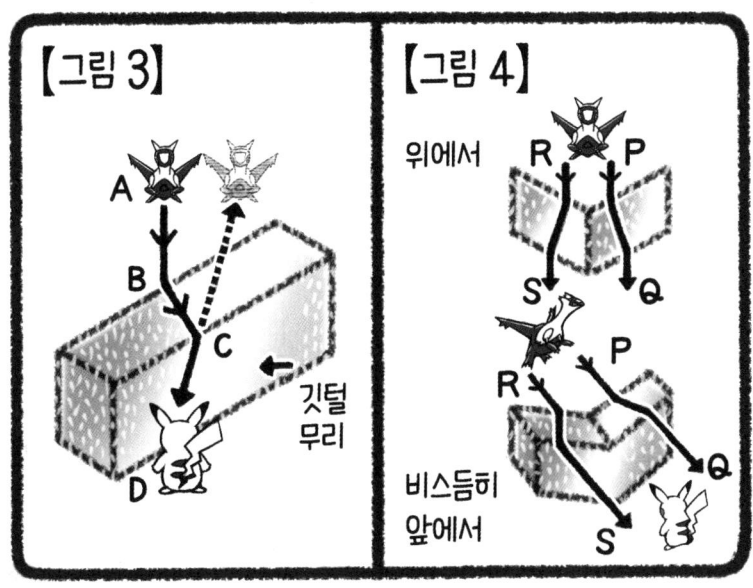

의 얼굴에 가까이 대면 옆으로 넓게 퍼진 웃긴 얼굴을 볼 수 있다.

이와 같이 빛이 굴절하면 실제와는 다른 모습으로 보인다. 라티아스도 몸을 감싼 깃털을 움직여 자기 모습을 다르게 보이게 할 수도 있을 것이다.

그리고 놀라운 사실이 있다. 【그림 3】을 보자.

만약 라티아스가 A의 위치에 있고 깃털을 모아 【그림 3】의 벽 같은 모양을 만들면 그 모습을 비추는 빛은 B와 C에서 굴절되어 D를 향해 나아간다. 상대가 D의 위치에 있다면 A에 있는 라티아스가 C 건너편에 있는 것처럼 보인다.

 빛의 굴절을 잘 활용하면 라티아스는 상대를 착각하게 만들 수 있다. 이 책에서 추천하는 기술을 라티아스가 써 보길 바란다!

◉ 모습을 감출 수 있을까?

 하지만 빛의 굴절을 이용해서 모습을 감추기는 좀 힘들 것 같다. 라티아스가 깃털을 모아 109쪽의 【그림 4】처럼 V자를 만드는 방법을 생각해 보았다. 이 경우 라티아스의 P에서 나온 빛은 두 번 굴절되어 Q로 갈 것이다. R에서 나온 빛도 두 번 굴절되어 S로 갈 것이다. 이렇게 생각해 보면 상대 포켓몬이 Q와 S 사이에 있을 경우 라티아스의 모습을 볼 수 없을 것이다. 대단해!

 그러나 자화자찬은 잠깐뿐.

 이 방법으로 라티아스가 보이지 않으려면 상대가 Q와 S 사이에만 있어야 한다. Q에서 보면 라티아스의 오른쪽 절반 부분이, S에서는 왼쪽 절반 부분이 보인다. 옆이나 뒤에서는 전체가 다 보인다.

◉ 어디에서도 보이지 않으려면

 포켓몬 도감을 잘 읽어 보니 '빛을 굴절시키는 깃털로 전신을 둘러싸 모습을 보이지 않게 한다'고 쓰여 있다. 이 책에서 제안한

V자 만들기 작전은 온몸을 둘러싸지 않으니 이미 근본부터 틀린 방법이다. 독자 여러분, 죄송합니다.

  유리 같은 깃털로 온몸을 감싸면 빛의 굴절로 모습을 감출 수 있을까? 과학적 상상이지만 라티아스의 깃털이 가느다란 털이 모여 만들어졌다면 불가능하지는 않다. 가느다란 털은 빛을 여러 방향으로 굴절시키거나 반사하기 때문에, 투명한 색이라도 흰색으로 보인다. 낚싯줄도 감아 놓으면 실제로는 투명하지만 가늘어서 흰색으로 보이는 것처럼, 구름과 눈, 소금과 설탕처럼 작고 투명한 알갱이들도 마찬가지다. 실제로는 투명하지만 한 곳에 모여 있으면 작아서 흰색으로 보인다.

  라티아스도 몸 주위에 깃털을 많이 흩날리면 깃털이 여러 방향으로 빛을 굴절시키거나 반사시켜 모습이 보이지 않게 될 게 분명하다. 난, 흩날리는 깃털은 하얗게 보이다. 아마도 희고 둥근 형체가 흐릿하게 라티아스를 감싸고 있어서, 라티아스가 그 안에 있다는 것은 확실하지만 모습은 보이지 않는……, 과학적으로 상상하면 그런 광경일 것이다.

  하지만 이건 어디까지나 추측일 뿐이다. 분명히 라티아스라면 그런 상상을 능가하는, 보다 확실한 방법으로 모습을 바꾸거나 감추지 않을까?

박치기포켓몬 램펄드에게 생물을 배우자

두개골이 두꺼워 뇌가 작은 램펄드, 힘들지 않을까?

램펄드는 정말로 튼튼한 두개골을 지닌 포켓몬이다.

포켓몬 도감에는 '머리로 격렬하게 치고받아도 두개골은 두께가 30cm나 되기에 기절하거나 하지 않는다' 블랙2 화이트2 , '정글의 나무들을 넘어뜨려서 먹이를 잡는 난동꾼이다' 알파사파이어 라고 쓰여 있다. 두개골이 두꺼운 덕분에 충격을 잘 견디고 파괴력도 강

램펄드 박치기포켓몬 타입 바위
• 키 1.6m
• 몸무게 102.5kg

오메가루비: 어떤 충격에도 견딜 수 있는 두꺼운 두개골에 눌려 뇌가 자라지 않았다.

하겠지.

하지만 해설을 읽어 보면 알겠지만 그 두꺼운 두개골에 눌려 뇌가 자라지 않았다고 한다. 이런.

뇌는 생각이나 기억뿐 아니라 눈과 귀를 통해 들어온 정보를 처리하거나 몸을 움직이는 역할을 한다. 그런 중요한 뇌가 자라지 않았다면 램펄드의 생활이 너무 불편하지 않을까? 어쩐지 딱한 마음도 드니 과학적으로 이 문제에 대해 생각해 보자.

◎ 고도의 능력이 생기면?

두개골의 두께가 30cm라는 사실은 놀랄 만하다. 비슷한 동물로 백악기에 존재했던 공룡 파키케팔로사우르스가 있다. 머리 부분의 화석을 보면 두개골 두께가 20~25cm였다는 사실을 알 수 있다. 그러나 파키케팔로사우르스의 몸길이는 4~5m로 추정된다. 램펄드는 키가 1.6m밖에 되지 않는데 두개골의 두께가 30cm

니까 많이 두꺼운 편이다.

　1.6m라면 인간의 키 정도고, 그 사람이 6등신이라고 해도 위아래 머리 길이는 27cm 정도다. 만약 사람의 두개골 위쪽의 두께가 30cm라면 머리 길이가 총 57cm나 된다.

　과학적으로 흥미로운 부분은 두꺼운 두개골에 눌려 뇌가 자라지 않았다는 내용이다. 램펄드처럼 몸의 일부분이 현저히 발달하여 고도의 능력이 생기는 대신 다른 문제가 발생해 버리는 경우가 실제로도 존재할까?

　사실 현실 세계에서도 그런 예는 많이 찾아볼 수 있다.

　안경원숭이는 눈이 얼굴 대부분을 차지할 정도로 커서 빛이 많이 들어오기 때문에 어두운 곳에서도 잘 볼 수 있다. 하지만 눈알을 움직일 수 없게 되었다. 보는 방향을 바꾸려면 머리를 움직여야 한다.

　새는 공룡에서 진화하여 앞다리가 날개로 변해 하늘을 날 수 있게 된 대신, 앞발을 다른 목적으로는 쓸 수 없게 되었다.

　기린은 목이 길어져 높은 나무의 잎사귀를 먹을 수 있게 되었다. 다만 높이 있는 머리까지 혈액을 보낼 수 있는 강한 심장도 필요하게 되었다.

　코알라는 다른 동물에게 독이 되는 유칼립투스 잎을 먹을 수 있게 됨으로써 먹이 걱정을 하지 않는다. 그러나 유칼립투스 잎을 소화시키기 위해 하루에 20시간이나 잠을 자게 되었다.

램펄드도 이런 동물들과 같은 처지겠지. 꽤 힘들 것 같다.

◉ 인간이 짊어진 숙명이란?

남 이야기 같지만 사실 인간도 마찬가지다. 두 발로 걷게 된 덕분에 뇌를 발달시킬 수 있었던 건 좋지만 여러모로 힘든 점도 생겼다.

먼저, 발목부터 발끝까지가 걷는 데 적합한 모양으로 바뀌었기 때문에 발로 물건을 잡을 수 없게 되었다. 누구나 태어날 때부터 비슷하기 때문에 특별히 힘들다고 생각하지는 않겠지. 하지만 원숭이의 발은 손과 같은 모양이라 물건을 마음대로 잡을 수 있다. 그 모습을 보면 인간도 그렇게 할 수 있으면 편하겠다는 생각이 든다.

또한 등뼈에 상반신의 무게가 더해지게 되면서 생물계 최초로 요통(허리 통증)을 겪게 되었다. 팔이 어깨에 매달리게 되어 팔의 무게 때문에 어깨 근육이 늘어나 어깨 근육통에도 시달리게 되었다.

독자 여러분의 부모님이 요통이나 어깨 근육통으로 괴로워한다면, 그건 인간이 지능을 발달시킨 것과 맞바꿔 짊어지게 된 운명의 십자가다. 하지만 괴로워하는 부모님께 "운명이니까 어쩔 수 없다는데……" 같은 말은 꺼내지 않도록. 엄청나게 야단맞을지도 모르니까.

◎ 완성형 포켓몬을 목표로

두개골이 발달한 대신 뇌가 자라지 않은 램펄드. 하지만 생물은 모두 같은 운명이다.

램펄드에게 마지막으로 소개해 주고 싶은 생물이 있다. 거북이다.

거북의 등딱지는 갈비뼈가 커져 변형된 것으로 머리도 손발도 등딱지 안으로 넣을 수 있다. 지금으로부터 2억 3,000만 년 전 거북은 등딱지가 생긴 대신 유연함을 잃어, 몸이 뒤집어지면 스스로 일어나지 못하게 되었다.

그래도 멸종하기는커녕 북극과 남극을 제외한 육지와 바다에 240여 종의 거북이 번성하고 있다. 무엇보다도 놀라운 사실은 2억 3,000만 년 동안 모습이 변하지 않았다는 것이다. 이는 더 이상 진화가 필요하지 않다는 의미다. 즉 거북이란 생물은 하나의 완성형이라고 할 수 있다.

램펄드도 튼튼한 두개골을 잘 활용해서 완성형 포켓몬을 목표로 다부지게 살아가길 바란다.

드릴포켓몬 코뿌리에게 지구과학을 배우자

다이아몬드 원석을 부수는 코뿌리의 뿔은 얼마나 단단할까?

포켓몬 도감의 해설을 읽어 보면 짧은 문장으로도 뿔과 꼬리와 피부의 강력함을 느낄 수 있다. 코뿌리는 강력한 포켓몬인 것 같다.

그뿐만이 아니다. 다른 도감에는 '드릴처럼 쓰는 뿔로 암석을 파괴한다. 마그마가 뿜어져 나오기도 하지만 갑옷 같은 피부는 뜨거움을 느끼지 않는다' 알파사파이어 , '전신을 갑옷 같은 피부로 보호하고 있다.

118 상상초월 포켓몬 과학 연구소

코뿌리 드릴포켓몬 타입 땅 바위
▼ 오메가루비
• 키 1.9m
• 몸무게 120.0kg

뿔은 다이아몬드 원석을 부수고 꼬리의 일격은 빌딩을 쓰러트린다. 단단한 피부는 대포에도 상처 입지 않는다.

2,000℃의 마그마 속에서도 살 수 있다'고 정리되어 있다.

놀라운 내용들만 가득한데 간략하게 정리해 보면,

① 암석이나 다이아몬드 원석도 부수는 뿔

② 빌딩을 쓰러뜨리는 꼬리

③ 대포 포탄이나 2,000℃의 마그마에도 끄떡없는 피부

즉 초강력 공격이 가능한 데다 철벽 방어체제까지 갖추었다는 얘기다. 아무리 봐도 빈틈이 없는데 코뿌리가 그렇게 대단한 녀석이었던가……?

아니, 의심하면 코뿌리가 불쌍하잖아. 코뿌리의 몇 가지 특징 중에서도 충격적인 것은 다이아몬드 원석을 부순다는 내용인데, 이를 중심으로 코뿌리가 얼마나 강한지 생각해 보자.

◎ 마그마를 타고 올라오는 다이아몬드

다이아몬드는 지구에서 가장 단단한 물질이다. 이걸 부수다니

도대체 코뿌리의 뿔은 얼마나 강력한 걸까?

다이아몬드라고 하면 보통 위는 평평, 아래는 뾰족, 옆에서 보면 오각형 모양을 떠올리겠지만 그것은 인공적으로 깎아 낸 모양 중 하나다.

세공하기 전의 다이아몬드 원석은 모양이 다양한데, 가장 많이 발견되는 것은 두 개의 피라미드를 거꾸로 세워서 붙인 모양이다. 옆에서 보면 트럼프 카드의 다이아몬드와 똑같은 마름모꼴이다. 카드의 다이아몬드 모양이야말로 다이아몬드의 참모습인 것이다.

다이아몬드는 지하 150~250km에 있는 탄소에 고열과 고압이 가해져 만들어진다. 그리고 끈적이지 않는 마그마를 타고 지표면 가까이까지 빠른 속도로 올라와 화산이 분화할 때 펑 날아가 흩어진다. 그때의 속도는 음속보다 빠르다고 한다.

가장 중요한 것은 속도다. 끈적끈적한 마그마를 타고 느린 속도로 올라오면 그 사이에 압력이 낮아져 아까운 다이아몬드가 연필심 같은 흑연으로 변해 버린다.

빠른 속도로 다이아몬드를 싣고 온 마그마가 식어서 굳으면 킴벌라이트라는 새까만 바위가 되는데, 다이아몬드는 킴벌라이트 안에서만 발견된다. 게다가 킴벌라이트가 있는 지역은 전 세계적으로 한정되어 있다. 다이아몬드가 귀하고 비싼 이유는 그 때문이다.

또한 다이아몬드는 지구에서 가장 단단한 물질이다. 그래서 다이아몬드에 흠집을 낼 수 있는 것은 같은 다이아몬드밖에 없다. 그러나 충격에 대한 강도는 강철이 더 세기 때문에 강철 받침 위에 다이아몬드를 올려놓고 강철 망치로 때리면 부서진다. 코뿌리의 뿔도 강철처럼 튼튼하겠지.

하지만 코뿌리가 귀중한 다이아몬드 원석을 부수지 않았으면 좋겠다. 뭐든지 숫자가 줄어들면 가격은 점점 올라간다. 앞으로 다이아몬드 반지를 사려는 사람들이 불쌍하니까 말이다.

⊙ 이런, 머리가 나쁘네

귀한 다이아몬드를 부수는 상릭한 코뿌리의 힘은 알겠지만, 그 힘은 어디서 나올까? 그리고 코뿌리로 진화하기 전의 뿔카노는 어땠을까?

포켓몬 도감에서 뿔카노에 대한 해설을 찾으면 놀랄 수밖에 없는 내용이 가득하다.

'달리고 있다가 목적을 잊을 정도로 뇌가 작고 머리가 **나쁘다**. 뭔가를 부수면 가끔 기억해 내는 것 같다.' `알파사파이어`

'오로지 곧장 돌진하여 부순다. 강철 덩어리에 부딪혀도 멀쩡하지만 하루가 지나면 아픔을 조금 느낀다.' `오메가루비`

'무엇이든 몸통박치기로 부숴 버리는 힘센 장사지만 머리가 나빠서 사람의 일을 돕는 것은 무리다.' `블랙 2` `화이트 2`

이런, 힘은 강력하지만 머리가 나쁘다는 이야기뿐이다. 이렇게 노골적인 평가를 받는 포켓몬이 또 있을까? 가엾은 뿔카노.

그렇다면 뿔카노에서 진화한 코뿌리는 머리가 좋아졌을까?

'뒷발만으로 서게 되어 앞발이 자유로워졌기에 지능이 발달했지만 건망증이 심하다.' 블랙2 화이트2 어쩐지 미묘하다.

그러나 뒷발로만 서게 된 덕분에 지능이 발달했다는 것은 타당성이 있다. 인간도 뒷발로 설 수 있게 되면서 지능이 급격히 발달했으니까.

인류의 조상이 네 발로 걸을 때는 뇌가 있는 두개골이 등뼈 끝에 걸려 있는 모양이었다. 이런 자세로는 무거운 것을 지탱할 수 없었다. 직립보행을 하게 되면서 두개골을 단단히 지탱할 수 있게 되어 뇌가 크게 발달했다.

또 두 다리로 서게 되고 양손이 자유로워지면서 물건을 들거나 도구를 사용하는 등 다양한 행동이 가능해졌다. 덕분에 뇌가 여러 가지 명령을 내리게 돼 점점 지능이 발달했다. 손을 씀으로써 머리도 쓰게 된 것이다.

코뿌리도 뒷발로 서면서 앞발이 자유로워졌으니 기억력은 몰라도 지능은 발달했겠지만, 바위나 빌딩을 부수는 행동은 뿔카노와 다를 것이 없다. 코뿌리가 자유로워진 앞발로 여러 가지 일에 도전해서 더더욱 지능을 발달시켰으면 좋겠다.

물쥐포켓몬 마릴에게 생물을 배우자

마릴의 둥근 꼬리는 수영 튜브 대신이라는데, 어떻게 사용하면 될까?

마릴은 몸이 공처럼 동그란 물쥐포켓몬이다.

동그란 공 모양으로 된 마릴의 꼬리 끝부분은 기름이 가득 차 있어서 튜브를 대신할 수 있다는 엄청난 비밀이 있다.

기름이라고 하면 식용유나 등유 등의 액체가 생각나지만 동물의 몸에도 '지방'이라는 고체 기름이 있다. 돈까스나 스테이크에 붙

마릴 물쥐포켓몬 타입 물 페어리
• 키 0.4m
• 몸무게 8.5kg

▼ 오메가루비
기름이 가득한 꼬리는 튜브 대용이다. 수면에 꼬리만 떠 있을 때는 잠수하여 물풀을 먹고 있다는 표시다.

은 하얗고 맛있는 부위…….

쓸데없는 상상으로 배고파할 때가 아니지. 다시 하던 이야기로 돌아가자.

액체 기름은 한자로 '기름 유(油)', 고체 지방은 '기름 지(脂)'를 쓴다. 둘 다 물보다 가벼우며 같은 부피 당 무게가 물의 90%밖에 되지 않는다. 마릴의 꼬리에 기름이 채워져 있다면 확실히 물에 떠 튜브 대신 쓸 수 있을 테니 정말 과학적인 포켓몬이다. 그렇다면 마릴은 이 꼬리를 어떻게 활용할까?

⊙ 생물과 기름의 관계

물속에서 움직일 때 지방을 유용하게 쓰는 동물로 향유고래가 있다. 향유고래는 다른 고래에 비해 머리가 크다. 머리의 알맹이는 '뇌유'라는 지방인데, 뇌가 기름이라서 뇌유가 아니라 다른 동물들의 뇌가 위치한 곳에 지방이 차 있어 그렇게 불린다. 뇌는 뇌유 뒤쪽에 제대로 자리하고 있다.

향유고래의 뇌유는 체온과 같은 온도에서는 액체이며, 같은 부피일 경우 물보다 무게가 가볍다. 29℃ 이하로 내려가면 버터처럼 굳어 부피가 줄어들고 물보다 무거워진다. 물은 얼면 부피가 늘어나지만 사실 그런 물질은 드물다. 많은 물질은 액체에서 고체로 바뀌면 부피가 줄어든다.

향유고래가 코로 바닷물을 빨아들이면 기도(공기가 폐로 가는 길)가 뇌유 속을 통과하기 때문에 뇌유가 식는다. 식은 뇌유가 굳으면 물보다 무거워지는데, 이것이 추 역할을 하여 낙하하듯 잠수한다. 향유고래는 이렇게 바다에 가라앉아 물고기나 오징어 등을 잡아먹는데, 최대 3,000m까지 가라앉을 수 있다.

바닷속에서 식사를 마친 향유고래는 코에서 바닷물을 내뿜는다. 그러면 체온으로 뇌유가 따뜻하게 데워져 다시 액체로 바뀌는데, 이번에는 튜브 역할을 해서 몸이 떠오른다. 즉 향유고래는 바닷물의 온도와 체온으로 지방의 밀도를 조절해서 잠수하거나 떠오르는 굉장한 동물이다.

그렇다면 인간의 지방은 헤엄치는 데 도움이 될까? 인간의 몸은 몸무게의 10%가 뼈, 40%가 근육, 20%가 지방, 9%가 피부, 나머지가 내장이다. 피부가 의외로 많은 비율을 차지하는 것도 놀랍지만, 각각의 밀도에 주목하자. 같은 부피를 기준으로 비교해 보면 뼈의 밀도는 물보다 두 배나 무거운 데 비해 지방의 밀도는 물의 90%다. 나머지는 물과 거의 비슷하다.

그 결과 인간의 몸은 물보다 조금 무거워진다. 수영장에 들어갔을 때 쑥 가라앉는 것도 아니고 둥실 뜨는 것도 아닌 '왠지 모르게 가라앉는 듯한 느낌'이 드는 이유가 그 때문이다. 아슬아슬한 정도이므로 공기를 많이 들이마시면 몸 전체가 물보다 가벼워져서 물에 뜰 수 있다. 그리고 숨을 내뱉으면 가라앉는다.

즉 인간은 폐의 공기와 지방 덕분에 물에 뜰 수 있다. 그러므로 지방이 많은 사람, 예를 들어 씨름 선수처럼 뚱뚱한 사람일수록 물에 잘 뜬다.

◎ 배틀에서 도움이 될까?

향유고래의 예로 생각해 볼 때, 기름이 물보다 가벼우니까 기름이 차 있는 마릴의 꼬리도 튜브 역할을 할 수 있을 것이다. 해설에 '흐름이 빠른 강에서 먹이를 잡을 때는 꼬리를 강가의 나무줄기에 휘감는다. 꼬리는 탄력이 있어서 늘어나는 구조다' 알파사파이어 라는 내용도 있다.

주목할 내용은 꼬리에 탄력이 있다는 부분이다. 마릴의 몸 전체가 인간처럼 물보다 조금 무거운 정도라면, 가벼운 꼬리를 수면에 띄워 두고 꼬리와 몸 사이의 간격을 늘였다 줄였다 하면서 연못이나 강바닥의 깊이와 상관없이 자유롭게 물풀을 먹을 수 있다. 마릴은 물가에 사는 만큼 꼬리를 완벽하게 활용하고 있다!

감탄스러운 반면 걱정되는 점도 있다. 포켓몬 배틀은 땅 위에

서 벌어지는 경우가 많은데, 그때도 마릴의 꼬리가 도움이 될까?

포켓몬 도감의 그림으로 측정해 보면 마릴의 꼬리 지름은 몸 지름의 44%다. 이를 토대로 계산하면 몸무게 8.5kg 중 꼬리가 0.6kg을 차지한다. 몸무게 35kg인 초등학생에게 2.7kg의 꼬리가 달린 것과 같다. 큰 페트병 한 병 반 정도의 무게이니 꽤 무겁다. 마릴의 꼬리는 물속에서는 물보다 가벼워서 매우 편리한 대신, 땅 위에서는 무거워서 잘 사용하지 않으면 오히려 방해가 될 우려가 있다.

그러나 인간의 지방은 몸이 받는 충격을 완화시키는 데 도움이 되기도 하니, 마릴도 상대의 공격을 꼬리로 받아내어 충격을 완화시킨다든지 해서 꼬리의 기름을 잘 활용하면 좋겠다.

그리고 또 한 가지, 마릴은 과식을 주의해야 한다. 동글동글한 체형으로 보아 마릴은 꼬리뿐만 아니라 몸에도 지방이 붙기 쉬운 게 아닐까? 만일 과식으로 몸에 기름이 쌓이면 몸도 물에 떠서 물풀을 먹기 힘들어진다. 마릴이 '몸은 무겁게, 꼬리는 가볍게'라는 절묘한 균형을 유지하도록 힘써 주면 좋겠다.

섬광포켓몬 꼬링크에게 물리를 배우자

근육을 늘였다 줄여서 전기를 만드는 꼬링크

앗, 과학적인 포켓몬이 또 등장했다. 몸을 움직일 때마다 근육이 늘었다 줄어들며 전기가 발생하는 꼬링크. 대단한 포켓몬이다. 전기의 핵심을 꿰뚫는 특징을 가진 꼬링크가 과학 교과서에도 꼭 실리면 좋겠다.

몸을 움직일 때 근육이 늘었다 줄었다 하면서 전기가 발생하는 것은 의외의 사실이지만 우리 인

꼬링크 섬광포켓몬   타입 전기
▼ 블랙 2 · 화이트 2
• 키 0.5m
• 몸무게 9.5kg

몸을 움직일 때마다 근육이 늘어났다 줄어들었다 하여 전기가 발생한다. 궁지에 몰리면 몸이 빛난다.

간도 마찬가지다. 근육이 줄어들면 줄어든다는 정보를 전달하는 전기 신호가 발생하여 뇌에 도착한다. 이에 따라 뇌는 그다음 명령을 보낼 수 있다.

그러나 중요한 점은 인간이 포켓몬과 비슷하다는 것이 아니라 '꼬링크가 몸을 움직인다 → 전기가 발생한다'는 흐름이다. 전기는 무엇인가를 움직여서 발생하기 때문이다.

⊙ 중요한 것은 움직이는 것

과학 수업에서 사용하는 수동발전기는 핸들을 돌리면 전기가 발생한다. 발전소에서도 물이나 수증기의 힘으로 발전기 터빈을 회전시켜 전기를 만든다.

핸들이나 터빈을 회전시키면 왜 전기가 발생할까?

발전기에는 자석과 코일이 들어 있다. 코일이란 보통 전기를 통과시키지 않는 막으로 감싼 구리철사를 여러 번 둘둘 감은 것이다. 핸들이나 터빈이 회전하면 연결된 코일도 회전한다. 그리고 자석 가까이에서 코일을 움직이면 전기가 발생한다. 코일 가까이에서 자석을 움직여도 마찬가지다.

1831년에 이 현상을 발견한 사람은 '마이클 패러데이'라는 과학자였다. 그 당시 코일에 전기를 흐르게 하면 자기력이 발생한다는 사실은 알려져 있었다. 그래서 패러데이는 반대로 자석 가까이 코일을 두면 전기가 흐르지 않을까 생각했다. 그러나 그렇게 해도 전기는 흐르지 않았다. 포기한 패러데이가 혀를 차며 코일을 정리하려고 했을 때 검류계의 바늘이 '핑' 하고 흔들렸다…….

이 이야기는 전기에 대해 배울 때 자주 듣는 일화다. 패러데이가 정말로 혀를 찼는지는 알 수 없지만, 결국 자석 가까이에서 코일을 움직이면 전기가 발생한다는 것을 알아냈다는 이야기는 과학사에 남아 있는 사실이다.

이 원리는 현재 지하철역에 있는 자동개표구 등에서 사용된다. IC카드를 개표 기계에 대면 '삐' 소리가 나며 개표구가 열리고 요금이 빠져나가는 익숙한 시스템이다. IC카드에는 작은 컴퓨터와 코일이 들어 있고 개표 기계에는 자석이 들어 있다. IC카드를 기계에 대는 것이 자석 주위에서 코일을 움직이는 역할을 해서 전기가 발생하고, 그 전기로 컴퓨터를 가동시켜 요금을 계산한다.

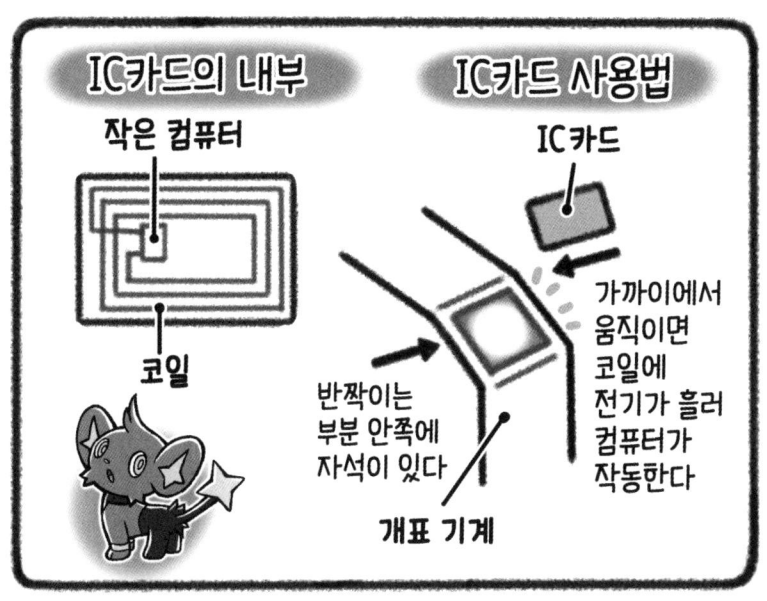

가까이 가져가는 것이 아니라 가까이에서 '움직인다'는 사실이 중요하다.

전기에 대한 얘기만 했는데, 사실 꼬링크가 전기를 발생시키는 구조가 더 흥미롭다.

아마도 꼬링크의 앞다리에 있는 금색 무늬 같은 것이 중요한 역할을 하지 않을까? 그 무늬가 코일 역할을 하고 꼬링크의 배에 자석이 있다면, 달릴 때 자석 가까이에서 코일을 움직이는 셈이므로 전기가 발생한다. 어디까지나 상상일 뿐이지만 꼬링크야말로 과학적인 포켓몬이다.

◎ 현기증이 멈추지 않아

꼬링크에 대한 해설에는 '궁지에 몰리면 몸이 빛난다'고 되어 있다. 그리고 '위험을 느끼면 전신의 털이 빛난다. 그로 인해 상대가 앞을 보지 못하는 동안 도망친다' 알파사파이어 는 설명도 있다. 아마도 몸을 움직여서 전기를 만들어 몸을 반짝이겠지. 꼬링크는 섬광포켓몬인데, 섬광은 그저 반짝하는 정도가 아니다. 앞이 안 보일 정도로 아주 강하게 번쩍이는 빛이다.

현실 세계에도 몸에서 빛을 내는 생물이 존재한다. 반딧불이는 꽁무니를 반짝이며 암수가 서로를 부르고, 천적에게 '나는 반딧불이야. 나에게는 독이 있어' 하고 경고한다. 초롱아귀는 등지느러미 끝에 달린 촉수를 반짝이며 먹이를 유인한다. 그러나 현실 세계에서 반짝이는 빛으로 적이 앞을 못 보게 하는 생물은 없을 것이다. 생물의 몸 구조로 볼 때 그렇게까지 강한 빛을 내뿜기 어렵다는 것이 이유 중 하나 아닐까?

60쪽 〈초라기〉 부분에서도 설명했듯이 전기뱀장어나 전기메기처럼 전기를 써서 공격하는 생물도 있다. 하지만 이 경우는 음식물을 섭취하여 만든 에너지로 전기를 발생시키므로, 방전되고 나면 에너지가 없어져 당분간 전기를 내보낼 수 없다.

 그 점에서 꼬링크는 대단하다. 꼬링크는 몸을 빛나게 해서 상대의 눈이 보이지 않게 된 사이 도망친다. 몸을 움직이면 전기가 발생하니까 도망치는 도중에도 전기를 만들어 상대가 가까이 쫓아오면 다시 빛으로 눈부심 공격 발사!

 매우 효율적이다. 상상일 뿐이지만 의외로 설득력 있지 않은가?

 전기를 만들려면 움직이는 것이 중요하다는 점을 가르쳐 주는 꼬링크, 정말 대단한 포켓몬이다.

성난원숭이포켓몬 발바로에게 생물을 배우자

기운이 펄펄!
1초도 가만히 있지 못하는
발바로의 일상

포켓몬이 진화하면서 외모나 능력이 바뀌는 경우가 많지만 그중 게을로에서 발바로로의 진화는 특히 눈에 띈다.

게으름뱅이포켓몬 게을로는 '하루에 20시간 이상 엎드려 누워 있다. 거의 몸을 움직이지 않아서 잎사귀를 세 장 먹으면 하루 식사가 끝난다' 오메가루비 고 하는 엄청난 에너지 절약형 포켓몬이었는

발바로 성난원숭이포켓몬 타입 노말
▼ 블랙 2 · 화이트 2
● 키 1.4m
● 몸무게 46.5kg

심장 박동이 빨라 전신의 피가 끓어오르고 있기 때문에 1초도 가만히 있지 못한다.

데, 발바로로 진화하자마자 '항상 날뛰고 싶어서 근질근질한다. 1분도 앉아 있지를 못한다. 움직이지 않으면 스트레스가 쌓인다' 오메가루비 고 하고, '가만히 있질 못하는 포켓몬이다. 자려고 해도 몸의 피가 끓어올라서 숲속을 뛰어다니지 않으면 가라앉지 않는' 알파사파이어 포켓몬으로 돌변한다!

1초도 가만히 있을 수 없다니 너무 극단적인 변화다. 변하는 거야 상관없겠지만 이렇게 마냥 들떠 있는 상태로 하루하루를 보낼 경우 발바로의 건강은 과연 괜찮을까?

◉ 교감 신경과 부교감 신경

동물은 흥분할 때도 있고 차분할 때도 있다. 적의 습격을 당했을 때나 사냥감을 덮칠 때는 신경이 흥분하며, 많은 양의 에너지를 몸으로 보내기 위해 호흡과 심장의 움직임이 빨라진다. 위험이 사라지면 마음이 차분해지고 몸을 쉬게 하기 위해 호흡과 심장의 움직임도 느려진다. 인간 또한 원래 야생동물이었으므로, 그 점은 마찬가지다.

그때마다 몸 상태를 조절하는 것이 교감 신경과 부교감 신경이다. 교감 신경은 몸을 전투 모드로 유도하고 부교감 신경은 몸을 휴식 모드로 만든다.

고양이를 떠올리면 이해하기 쉬울 것이다. 고양이가 등의 털을 거꾸로 세울 때는 교감 신경이 활동하고, 목을 그르렁 울릴 때는 부교감 신경이 활동하는 것이다. 동물이나 인간이나 잘 때는 부교감 신경이 활동한다.

만약 포켓몬의 몸도 인간이나 동물과 같은 구조라면 게을로는 부교감 신경이, 발바로는 교감 신경이 1초도 쉬지 않고 활동하고 있겠지.

◎ 나무늘보와 막상막하인 게을로

게을로를 보면 나무늘보가 떠오른다. 조사해 보니 놀랍게도 나무늘보 역시 20시간 가까이 잠을 자고, 하루에 잎사귀 7~8g밖에 먹지 않는다고 한다.

아니, 정말 그것만 먹어도 살 수 있을까? 길이 21cm, 너비 9cm 정도 잎사귀의 무게를 재 보니 3g이다. 게을로가 이런 잎사귀를 세 장 먹는다면 하루 식사는 9g이다. 게을로와 나무늘보는 막상 막하의 대결이다.

하지만 잎사귀에 포함된 양분이 양배추와 같다고 가정하면 게을로의 하루 섭취 에너지는 단 2kcal에 불과하다. 생물은 전혀 움직이지 않더라도 심장과 폐를 움직이게 하고 뇌가 활동하는 등 살아가는 데 필요한 최소한의 에너지가 필요하다. 나무늘보가 하루에 잎사귀 7~8g만 먹어도 충분한 이유는 몸무게가 6kg 정도밖에 되지 않기 때문이겠지만, 게을로는 몸무게가 46.5kg이나 나가는데 잎사귀 세 장만으로 충분할지 조금 걱정된다.

◉ 얼마나 먹을까?

게을로가 기운이 펄펄 넘치는 발바로로 진화하면 1초도 가만히 있지 못한다니 지나치게 활동적이다. 기초대사량 이상으로 몸을 움직이는 셈이니 에너지 소비가 어마어마할 것이다.

발바로가 하루에 세 시간 잔다고 가정하고 깨어 있는 동안 인간이 조깅하는 정도의 에너지를 쓴다고 가정해 보자. 하루 동안 소비하는 에너지는 무려 16,000kcal. 바나나로 환산하면 210개다.

동물원에서 알려 주는 고릴라 한 마리의 하루 식사량은 사과 1,500g, 바나나 750g, 귤 750g, 야채 1,400g, 빵, 요구르트, 계란 등이 800g 정도라고 한다. 다 합치면 4,500kcal다. 고릴라의 몸무게는 200kg 전후이므로 발바로는 자기 몸무게의 네 배가 넘는 고릴라보다 3.6배나 더 먹는 셈이다. 진화하더니 갑자기 대식가로 변했다.

그런데 발바로가 진화해서 나태함포켓몬 게을킹이 되면 어떻게 될까? '온종일 엎드려 누워 지내는 포켓몬이다. 손이 닿는 장소에 난 풀을 먹으며 풀이 없어지면 마지못해 장소를 옮긴다' 오메가루비 고 한다. 다시 처음 상태로 돌아가는 셈이다.

극과 극이 심한 삶이지만 너무 활동적인 것도 몸에는 좋지 않다. 심장이나 혈관에 부담이 가는 데다 막대한 식사량도 소화기관에 큰 부담이 되기 때문이다.

발바로가 되어 의욕이 넘치는 거야 좋지만 건강을 생각한다면 게으른 게을킹으로 진화하는 것도 나쁘지 않을 것 같다.

열화포켓몬 파이어로에게 생물을 배우자

시속 500km의 속도로 상대를 습격하는 파이어로의 위력은?

등부터 날개까지는 오렌지색, 날개 끝의 칼깃은 검은색, 꽁지깃은 검정과 노랑 줄무늬. 파이어로를 보면 화려한 갑옷을 입고 전쟁터로 향하는 무사의 모습이 떠오른다.

게다가 시속 500km로 사냥감을 덮쳐 강렬한 킥으로 꼼짝 못 하게 만든다고 하니 날쌔고 근사하기까지 한 포켓몬이다.

파이어로 열화포켓몬　타입 불꽃 비행
▼ Y
- 키 1.2m
- 몸무게 24.5kg

사냥감을 덮칠 때의 스피드는 시속 500km다. 강렬한 킥으로 꼼짝 못하게 한다.

그러나 시속 500km로 돌진하는 데다 킥까지……. 당하는 입장에서는 너무 맹렬한 공격 아닐까? 파이어로의 습격을 받은 사냥감은 어떻게 될까?

◎ 매는 기차보다 빠르다

파이어로는 현실 세계의 매와 비슷하다. 매, 솔개, 독수리, 콘도르, 올빼미 등 사냥감을 덮치는 큰 새를 맹금류라고 부르는데, 그중 비행속도가 가장 빠른 새는 매다.

매는 에너지 소모가 별로 없는 순항속도조차 시속 60km, 날개를 강하게 펄럭이면 시속 100km, 사냥감을 노려 높은 하늘에서 급강하할 때는 시속 385km라는 기록이 있다. 평균 시속 320km인 고속 열차와 비교하면 매가 시속 65km나 빠른 것이다.

매는 이런 스피드를 사냥에 어떻게 활용할까?

매가 노리는 것은 하늘을 나는 참새, 비둘기, 찌르레기 등이다.

하늘 높은 곳에서부터 급강하해서 발로 움켜잡거나, 발로 차서 지면이나 수면에 내동댕이친다.

대단하다. 시속 385km의 스피드로 날면서 사냥감을 붙잡거나 발로 차다니, 비슷한 속도로 날아가는 것도 발로 정확히 잡고 찰 수 있다는 얘기겠지. 인간은 도저히 흉내 낼 수 없는 어마어마한 동체 시력이다.

◉ 몸통박치기의 충격은 어느 정도?

현실 세계의 매도 이 정도의 공격력을 자랑하는데, 파이어로는 어떨까?

파이어로의 비행속도는 시속 500km로 매의 1.3배다. 사냥감의 입장에서는 놀라운 속도다. 50m 떨어진 위치에 파이어로의 모습이 살짝 보인 순간, 0.36초 후면 강렬한 킥을 맞을 테니까.

게다가 파이어로는 매보다 훨씬 크다. 매는 몸길이가 대략 45cm, 날개를 펼치면 그 폭은 1.2m 정도다. 이에 비해 파이어로는 키가 1.2m나 된다. 매와 같은 체형일 경우 날개를 펼친 폭은 3.2m까지 커진다.

몸무게는 비교도 할 수 없다. 매는 큰 개체라도 몸무게가 1.3kg 정도다. 파이어로는 매보다 19배나 무거운 24.5kg인데도 1.3배나 빠르니 매보다 근육이 훨씬 튼튼할 것이다.

파이어로의 기술인 '몸통박치기'도 충격이 대단할 것이 분명하다. 충격의 크기는 '몸무게×속도×속도'로 결정되니까 파이어로가 부딪치는 충격은 매의 19×1.3×1.3=약 32배다. 매는 몸무게가 최대 1.8kg인 새를 잡을 수 있다고 한다. 그렇게 계산하면 파이어로가 잡을 수 있는 사냥감의 몸무게는 57kg 정도다. 이러면 인간도 위험하다.

게다가 강력한 킥까지 가능하니 무시무시하다. 그 위력을 생각하려면 현실 세계에 존재하는 '화식조'를 참고하자. 날지 못하는 새 화식조는 인도네시아에서 오스트레일리아에 걸쳐 서식하는데, 키 1.5~1.8m, 몸무게 35kg 정도다. 파이어로보다 몸집이 크고, 발의 힘이 세다. 시속 50km로 달릴 수 있는데 화가 나면 사람이나 개를 발로 자서 죽이는 경우도 있다고 한다.

파이어로로 진화하기 전 단계인 화살꼬빈이나 불화살빈은 참새나 종달새처럼 발이 작고 가늘지만 파이어로로 진화하면 몸에 비해 발의 크기나 두께가 화식조와 비교해도 전혀 뒤처지지 않는다. 게다가 파이어로는 '격렬한 싸움으로 흥분하게 되면 온몸의 깃털 사이에서 불꽃을 뿜어내며 비행한다' 오메가루비 고 하니, 불꽃을 내뿜는 파이어로의 킥에 맞으면 곤란하겠지.

◉ 지상의 상대를 노린다면……

파이어로가 딱 하나 조심했으면 하는 것은 땅 위에 있는 상대를 노릴 때다. 조준이 빗나갈 경우 파이어로가 시속 500km의 속력으로 땅에 내동댕이쳐질 텐데, 그럴 경우 얼마나 위험할까?

매의 사냥 성공률은 20~30%라고 한다. 열 번 도전해서 성공하는 것은 두세 번. 그러나 매가 노리는 것은 하늘을 날고 있는 새뿐이기 때문에 실패하더라도 겨냥이 빗나갈 뿐 자기가 다치는 경우는 거의 없다.

    그렇다면 파이어로의 경우는 어떨까? 매와 같은 성공률을 기준으로 땅 위의 사냥감을 노린다고 가정하면 열 번 중 일고여덟 번은 자기가 땅바닥에 나뒹구는 상황이 된다. 설마 그런 무모한 공격은 하지 않겠지. 파이어로는 매처럼 하늘을 나는 사냥감만 노리거나 성공률이 100%일 것이다. 상상하면 할수록 파이어로가 사냥하는 모습을 직접 보고 싶다.

돌뱀포켓몬 롱스톤에게 생물을 배우자

땅속을 시속 80km로 파 들어가는 롱스톤이 실제로 존재한다면?

평상시에는 땅속에 사는 롱스톤. 8.8m라는 몸의 길이도 놀랍지만 더 놀라운 것은 시속 80km의 속도로 땅속을 파 들어간다는 사실이다. 일반 도로의 제한 속도인 시속 60km보다 빠르며, 게다가 그 속도는 도로가 아닌 흙 속을 파 들어가는 스피드인 것이다.

두더지가 땅 아래에서 구멍을 파는 속도는 1분에 30cm, 즉 시속

롱스톤 돌뱀포켓몬 타입 바위 땅
● 키 8.8m
● 몸무게 210.0kg

▼Y

평상시에는 땅속에 살고 있다. 땅속을 시속 80km로 파면서 먹이를 찾는다.

18m다. 터널 공사용 쉴드 머신은 아무리 빨라도 1분에 5cm, 시속 3m다. 흙을 밀어내며 나아가야 하는 땅속에서의 속도는 그 정도 수준이다. 비교하면 롱스톤은 두더지의 4,400배, 쉴드 머신의 27,000배나 빠르다.

그야말로 왕중왕이자 땅속의 최강자라고 할 수 있는 놀라운 굴삭 능력의 소유자, 롱스톤의 땅속 생활은 어떨까?

◉ 땅속 세계는 어떨까?

땅속은 어떤 세계일까? 숲을 예로 들어 생각해 보자.

땅 위에는 낙엽이나 마른 나뭇가지들이 쌓여 있고 그 속에는 쇠똥구리, 쥐며느리, 노래기 등이 산다. 그것들을 먹는 지네나 딱정벌레 등도 있다.

그 아래의 흙 속에는 썩은 낙엽이나 마른 나뭇가지가 흙과 섞여 있다. 이 흙은 부엽토라고 하며, 지렁이, 장수풍뎅이, 사슴벌레 등의 유충은 부엽토를 먹고 자란다.

땅속에는 식물도 뿌리를 내리고 있다. 올려다보아야 할 만큼 높고 큰 나무라도 뿌리의 깊이는 1m 정도다. 대신 사방팔방으로 퍼져 있어 지상의 줄기와 잎보다 범위가 넓다. 매미의 유충은 이 나무뿌리의 즙을 먹고 자란다.

이 세계에서 중요한 일을 하는 것이 곰팡이와 버섯 같은 균류와 눈에 보이지 않을 정도로 작은 세균이다. 균류와 세균은 낙엽을 부패시켜 부엽토를 만들고 동물의 시체나 배설물을 분해해서 식물의 비료를 만든다. 흙 속에도 생태계가 존재하며 모든 생물이 각자의 역할을 다하고 있다.

물론 동물들도 집을 만든다. 땅속 세계에서 영향력 있는 동물은 두더지다. 두더지는 지하 1~2m 정도 깊이에 둥지를 만들고 그 둥지에서 이동하기 위한 터널을 길게 판다. 그리고 터널에서 땅 위로 구멍을 내서 떨어지는 지렁이나 매미, 장수풍뎅이 등의 유충을 먹는다. 두더지 한 마리가 파는 터널의 넓이는 농구 코트 넓이인 $450 m^2$다.

◉ 롱스톤은 무엇을 먹고 살까?

이렇게 흙 속에는 많은 생물이 살고 있지만 그들이 북적거리는 범위는 깊이 1~2m 정도까지다. 개미가 집을 짓는 것도 주로 그 정도 깊이며, 개미 세계에서 가장 깊이 집을 짓는 짱구개미의 집도 땅속 4m 정도까지 있다.

땅속 깊은 곳에는 부엽토도 나무뿌리도 없고 산소도 공급되지 않아 벌레나 동물이 살 수 없다. 그런 땅속 세계에서 먹이를 구하러 시속 80km로 지나다니는 롱스톤. 크고 빠르다는 사실은 알겠지만, 어떻게 땅을 파 들어갈까?

해설에는 '커다란 입을 열어 많은 흙을 삼키면서 긴 터널을 만들어 간다' 블랙2 화이트2 고 되어 있으니까 지렁이와 비슷하다. 지렁이가 삼킨 낙엽과 흙은 배설물에 섞여 나온다.

현실 세계의 땅속을 롱스톤이 파 들어간다면 지하 1m보다 조금 아래 정도일 것이다. 지하 1m보다 위쪽은 나무뿌리가 뻗어 있어 지나다니는 데 방해가 된다. 그렇다고 너무 깊은 곳을 파 들어가면 부엽토가 없을 뿐 아니라 먹이가 될 만한 곤충과 동물도 없으므로 지하 1~2m가 절묘한 깊이다.

그렇다고는 해도 8.8m짜리 거구가 땅속의 먹이를 와구와구 먹으면 지하 생태계가 파괴되지 않을까?

사실 그렇다고는 할 수 없다. 롱스톤이 파는 구멍은 땅속에 공기를 공급해 준다. 땅이 꺼지거나 가라앉아 나무를 쓰러뜨릴지

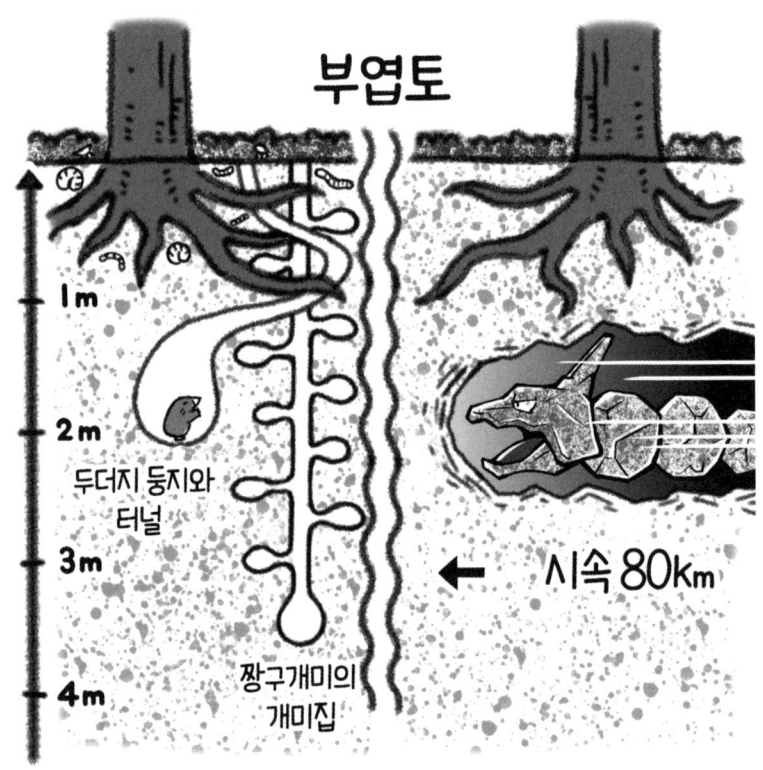

도 모르지만 큰 나무가 쓰러지면 숲속에 햇빛이 들어와 풀이 돋아나고 어린 나무들이 자라서 숲이 젊어진다. 롱스톤이 땅속의 흙을 일궈 주는 셈이다. 그리고 롱스톤이 지나간 곳에는 디그다가 산다고 하니까 결국 롱스톤은 다른 포켓몬을 위해 봉사하는 셈이다.

⊙ 롱스톤에게 바라는 점

하지만 시속 80km는 너무 빠르다. 다섯 시간을 달리면 400km, 서울에서 부산까지 가는 거리다. 도시의 지하에는 수도관이나 가스관, 전선 등 생활을 유지하기 위한 시설이 연결되어 있다. 지하철도 다니고 고층빌딩의 토대도 묻혀 있다. 롱스톤이 시속 80km로 땅속을 고속 질주하게 되면 수도관과 가스관이 터지고 전기가 차단, 그 불꽃으로 가스 폭발이 일어나 지하철은 탈선, 빌딩과 철탑이 쓰러질 위험까지…….

롱스톤이 부디 도시의 지하로는 지나가지 않았으면 좋겠다. 자연은 부활할 수 있어도 인간이 만든 세계는 너무 쉽게 무너질 테니까.

요정포켓몬 픽시에게 물리를 배우자

1km 앞에 떨어진 바늘 소리도 들린다는 픽시, 귀가 얼마나 밝을까?

픽시는 사람 앞에 좀처럼 모습을 드러내지 않고 뭔가 가까이 다가오는 낌새를 느끼면 곧 도망간다고 한다. 매우 조심성이 많은 포켓몬인 듯하다.

귀도 매우 밝다고 하는데, 1km 앞에 떨어진 바늘 소리도 들린다니 놀라운 청력이다. 1km라면 인간이 15분을 걸어야 하는 거리다. 그렇게 먼 곳에서 바늘처럼 가벼운 물

픽시 요정포켓몬   타입 페어리

▼ 블랙 2 · 화이트 2
• 키 1.3m
• 몸무게 40.0kg

1km 앞에 떨어진 바늘 소리가 들릴 정도로 귀가 좋아 평소에는 조용한 곳에 있다.

체가 떨어지는 소리를 들을 수 있으면, 몰래 픽시의 험담도 못하겠지? 사실 픽시에 대해서는 험담할 이야기도 없지만 말이다.

귀가 밝은 포켓몬 픽시에 대해 생각해 보자.

◎ 토끼를 닮은 포켓몬

픽시가 경계심이 강한 것과 귀가 길다는 사실에서 연상되는 동물은 토끼다.

'날개를 사용하여 날아가듯 뛰어간다. 물 위를 걷는 것도 할 수 있다. 조용한 달밤에 호수를 걷는다' 오메가루비 알파사파이어 는 내용을 읽으니 더욱 토끼가 생각난다. 토끼도 뒷다리로 깡충깡충 뛰고, '조용한 달밤'은 픽시가 야행성일 가능성도 있다는 뜻이니 이 점도 토끼와 똑같다.

토끼는 앞니가 평생 계속 자란다는 점에서 예전에는 쥐나 햄스터 같은 설치류로 분류되었다가 이빨 구조가 다르다는 게 알려지며 중치류로 갈라지게 되었다.

옛날부터 인간과 깊은 관계가 있는 동물로 고대 그리스의 이솝 우화 〈토끼와 거북〉에서처럼 여러 옛날이야기에도 등장한다. 세계에서 가장 오래된 만화에도 개구리와 씨름하는 토끼가 그려져 있으며, 옛날부터 사람들은 달에서 토끼가 떡방아를 찧고 있다고 상상하기도 했다.

또 '물을 마시면 죽는다', '외로우면 죽는다' 등 속설이 많은 동물이기도 하다. 그러나 사실은 토끼도 생물이므로 당연히 물을 마시며, 외롭다는 감정을 느낄 만큼 지능이 높지도 않다. 다만 열두 시간 이상 먹이를 먹지 못하면 죽을 수 있으니, 외로우면 죽는다는 얘기는 잘 돌봐줘야 한다는 뜻으로 이해하자.

재미삼아 토끼에 대한 토막 지식을 소개했는데 픽시가 토끼를 닮았다니 조금 걱정이 되기도 한다. 토끼는 커다란 귀를 이용해 자신을 공격하려는 동물이 다가오는지 경계한다. 점프력이 발달한 것도 적으로부터 도망치기 위해서이며 적의 숫자가 적은 밤중에 활동하기 위해서 야행성이 된 연약한 동물이다.

토끼와 비슷하다면 픽시도 연약할까?

그렇다면 픽시는 과연 험난한 포켓몬 세계에서 살아남을 수 있을까?

◎ 귀가 너무 밝다

픽시는 뛰어난 청력을 활용해야 한다. 소리는 경계심이 강한 동물에게 유용한 정보 수단이다. 눈은 감고 있거나 밤이 되면 보이지 않는다. 냄새는 비나 바람에 가려지거나 스스로 변화를 알아채지 못하면 그 냄새가 어디서 왔는지 알 수 없다.

그에 비해 소리는 언제라도 들을 수 있고 양쪽 귀로 느끼는 작은 시간의 차이로 그 소리가 어디에서 들려오는지 알아낼 수 있다.

그럼 1km 앞에서 바늘이 떨어지는 소리도 들린다는 픽시는 얼마나 귀가 밝은 걸까?

부드러운 흙 위에 바늘을 떨어뜨리는 실험을 해 보니 낙하점과 귀 사이의 거리가 50cm일 때는 들리지만 80cm일 때는 바늘이 떨어지는 각도에 따라 들리기도 하고 안 들리기도 한다. 1m일 때는 전혀 들리지 않는다. 풀밭 위에 떨어뜨려 보면 50cm일 때도 들리지 않는다. 실험 결과로 볼 때, 자연 속에서 떨어지는 바늘 소리의 경우 인간이 들을 수 있는 거리는 1m가 한계라고 생각해도 될 것이다.

그러나 픽시는 1km나 떨어져 있어도 그 소리를 들을 수 있다. 거리로 치면 인간의 1,000배다. 거리가 1,000배가 되면 소리의 크기는 $\frac{1}{1,000} \times \frac{1}{1,000} = \frac{1}{1,000,000}$이 된다. 그렇게 작은 소리가 들린다니 픽시는 인간보다 100만 배나 귀가 밝은 셈이다.

대단하다고 생각하겠지만 잠깐. 그렇다면 픽시의 귀에는 소리가 사람이 듣는 소리보다 100만 배 크게 들리는 것 아닐까?

산들바람이 불어 바스락바스락 나뭇잎이 서로 스치는 소리가 픽시의 귀에는 피아노를 쾅쾅 치는 소리로, 벌레포켓몬이 울면

기차가 통과하는 굴다리 아래의 굉음이, 소나기가 내리면 록밴드 공연의 사운드가……

조금 괴로울지도 모르겠다. 픽시의 귀는 지나치게 밝은 것 아닐까?

이렇게 되면 픽시가 평소에 어디 사는지 신경이 쓰이기 시작한다. 도감의 해설에 나오는 '조용한 곳'이란 어떤 장소일까?

숲속? 아니지, 숲은 생물이 가장 많이 사는 장소다. 숲은 생물에게 도시 같은 곳이니 픽시는 시끄러워서 견딜 수 없을지도 모른다. 호수도 조용한 느낌이지만 바람이 불면 파도 소리가 꽤 시끄러울 듯하다.

상상이기는 하지만, 설산이나 빙원 또는 사막 같은 데 살지 않을까? 쓸쓸한 장소이긴 해도 그런 곳이라면 조심성 많고 귀가 밝은 픽시도 안심하고 지낼 수 있을 테니…….

그 점에서 외로움을 잘 타는 토끼와는 반대인 걸까? 하긴 외로움을 탄다는 얘기는 속설일 뿐이니까.

밥통포켓몬 꼴깍몬에게 생물을 배우자

꼴깍몬의 몸은 대부분이 위라는데, 과연 괜찮을까?

몸의 대부분이 위로 이루어져 있다니, 대단하다.

인간의 경우 위에 들어가는 음식의 부피는 보통 1.5L 정도다. 밥으로 치면 밥공기 열 그릇 분량이다. 그런데 꼴깍몬의 위는 몸의 대부분을 차지한다.

꼴깍몬의 몸의 부피는 도감 등의 그림으로 추측해 보면 키 0.4m를 기준으로 34L 정도다. 90%가

꼴깍몬 밥통포켓몬 타입 독
• 키 0.4m
• 몸무게 10.3kg

▼ 알파사파이어

몸 대부분이 위로 되어 있어 심장이나 뇌는 매우 작다. 무엇이든 녹이는 특수한 위액을 지녔다.

위라면 그 부피는 약 30L이므로 밥공기 200그릇 분량이다!

하지만 그렇게까지 몸의 구조가 극단적이어서야 과연 살아갈 수 있을까? 꼴깍몬의 건강에 대해 과학적으로 생각해 보자.

◉ 인간의 위는 무엇을 소화시킬까?

꼴깍몬에 대해서는 이런 설명도 있다. '몸 대부분이 위로 되어 있어 자신과 크기가 같은 것도 삼킨다. 특수한 위액으로 무엇이든 소화한다.' 오메가루비

몸에 비해 큰 것을 먹는 동물로는 아나콘다 같은 큰 뱀이 있다. 아나콘다는 돼지나 말, 악어까지도 통째로 삼킨다. 입이 큰 데다 턱뼈를 뺄 수 있으며 위가 크게 펼쳐져서 가능한 능력이지만 삼킨 것을 다 소화시키려면 며칠이 걸린다.

소화란, 먹은 것을 씹어서 잘게 자르거나 위 속에서 섞어서 걸쭉하게 녹이거나 소화액으로 음식 성분을 분해하는 작용이다. 섭

밥통포켓몬 꼴깍몬에게 생물을 배우자

취한 음식물은 소화 과정을 통해 소장 벽을 통과할 수 있을 만큼 작아져 몸에 흡수될 수 있다.

하지만 인간은 위에서 모든 음식물을 소화시킬 수 없다. 음식에 포함된 성분에는 탄수화물, 단백질, 지방이 있는데, 위에서 소화시킬 수 있는 것은 단백질뿐이다. 게다가 위에서 완전히 소화되는 것이 아니라 십이지장과 소장에서 소화되어 아미노산으로 분해되어야만 소장 벽에서 흡수할 수 있는 크기가 된다.

탄수화물, 단백질, 지방이 소화되는 위치에 대해서는 아래 표의 '인간의 소화' 부분을 참고하자.

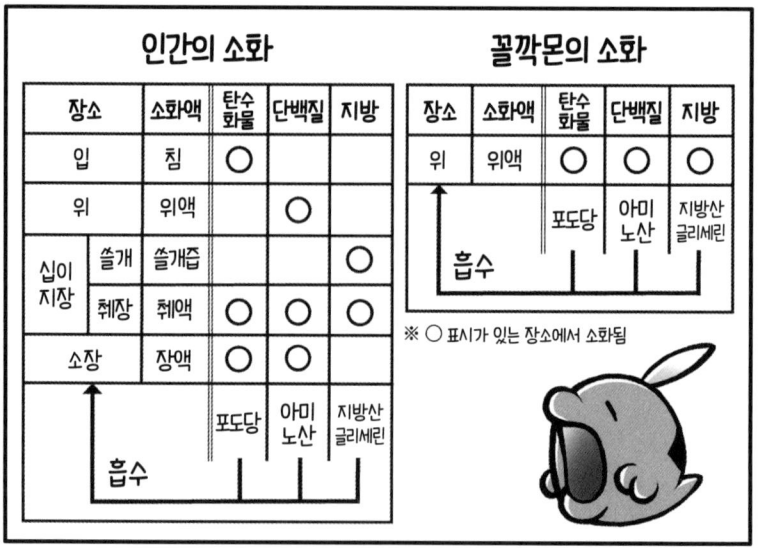

◎ 모든 것을 소화하는 만능 위

만약 인간에게 위밖에 없다면 단백질을 어중간하게 소화시킬 테고, 소화된 것을 흡수할 수도 없으니 살아 있을 수 없다. 하지만 꼴깍몬의 몸은 대부분이 위다. 어떻게 된 걸까?

꼴깍몬에게 커다란 위 말고 작은 십이지장이나 소장이 있어 거기서 소화할지도 모르지만, 포켓몬 도감의 해설을 읽으면 뭐든지 녹이는 특수한 위액이 분비된다고 하니 위에서 전부 소화시키는 듯하다.

그리고 꼴깍몬의 위는 소화한 것을 흡수할 수도 있다. 위가 영양분을 흡수까지 할 수 있다니 놀라운 일이다. 인간의 소화기관 다섯 개가 총동원되어야 할 수 있는 일을 단독으로 처리하다니, 얼마나 만능 위인가!

◎ 꼴깍몬에게 간이 있을까?

하지만 걱정되는 점도 있다.

아무리 만능 위를 가졌다고 해도 생물에게는 절대적으로 필요한 장기가 있다. 바로 간이다. 오징어의 몸통에서 은색 막에 싸인 원뿔 모양 장기의 대부분이 간이며, 조개 종류인 클리오네의 투명한 몸 한가운데에 있는 오렌지색 부분도 간이다. 대부분의 동물에게 간이 있는 이유는 간이 동물의 몸에서 다음과 같은 중요한 일을 담당하기 때문이다.

① 담즙을 만든다.

② 포도당을 모아 둔다.

③ 단백질을 만든다.

④ 혈액에 포함된 독소를 분해한다.

⑤ 단백질을 소화할 때 발생하는 암모니아를 요소(유레아)로 바꾼다 등.

그중 중요한 것은 ⑤번이다. 암모니아는 생물에게 해로운 성분이다. 그래서 요소라는 안전한 물질로 바꾸어 오줌에 녹여 몸 밖으로 배출해야 한다. 인간이 오줌을 싸는 목적 가운데 하나가 암모니아의 배출이다.

그럼 꼴깍몬은 이 문제를 어떻게 해결할까?

도감에는 이런 해설도 있다. '무엇이든 소화하는 위다. 소화할 때 발생하는 가스는 강렬한 악취가 난다.' Y

과학적으로 타당한 설명이다.

암모니아는 기체일 때 강한 악취를 풍기는 유독가스다. 이 사실로 비추어 볼 때 꼴깍몬이 내보내는 가스는 암모니아일지도 모른다. 그렇다면 꼴깍몬의 만능 위가 암모니아를 요소로 바꿀 수

  는 없지만 가스로 만들어 몸 밖으로 내보낼 수는 있는 것일 테니 아무 문제도 없다. 대단히다.

    게다가 그 가스는 강력한 무기가 될 수도 있을 테니 꼴깍몬의 몸은 걱정할 필요가 전혀 없을 만큼 충분히 다부지다.

별포켓몬 삐에게 지구과학을 배우자

삐는 왜
별똥별이 많은 밤에
춤을 출까?

별똥별이 사라지기 전에 소원을 외우면 그 소원은 이뤄진다고 한다.

그렇다면 좋아,《상상초월 포켓몬 과학 연구소 ②》가 100만 부 팔리……. 앗, 별똥별이 사라졌네. 책 제목을 더 짧게 만들었어야 했나?

시작부터 한심한 말이나 중얼거릴 때가 아니다. 삐들은 별똥별이 많은 밤에 둥글게 모여 춤을 춘다고 하니까 애초부터 별똥별을 대하는 자세가 순

삐 별포켓몬

타입 페어리
● 키 0.3m
● 몸무게 3.0kg

▼ 오메가루비 · 알파사파이어

별똥별이 많은 밤에는 둥글게 모여 춤추는 삐의 모습을 볼 수 있다. 일출 때까지 춤추며 밤이슬로 목을 축인다.

수하다. 그리고 '삐가 자주 보이는 장소는 별똥별이 떨어진 장소라고 그 고장에서 소문이 돈다' 블랙2 화이트2 는 해설도 있다.

흠, 삐와 별똥별은 깊은 관계가 있는 것 같은데, 도대체 어떻게 된 걸까?

◉ 별똥별이란 무엇일까?

별똥별은 지구나 태양 주위를 도는 모래알이나 암석 등이 지구의 중력에 이끌려 떨어질 때 눈에 보이는 현상이다. 엄청난 스피드로 공기에 부딪혀 3,000~4,000℃의 고온 상태가 되어 눈부신 빛을 내뿜는다. 작은 별똥별은 상공 50~70km에서 다 타 버리지만 큰 별똥별은 지상으로 떨어지는 경우도 있다. 떨어진 별똥별이 바로 운석이다.

별똥별은 좀처럼 볼 수 없을 것 같지만 공기가 깨끗한 어두운 밤하늘에서는 한 시간에 한두 개는 볼 수 있다. 한 시간에 수십

개, 많게는 100개까지 보일 때도 있다. 이 별똥별 무리를 '유성군' 이라고 하는데, 독자 여러분도 '쌍둥이자리 유성군' 같은 말을 들어 본 적이 있을 것이다. 삐들이 춤출 때는 이런 유성군이 보이는 밤 아닐까?

유성군의 구조는 다음과 같다.

태양 주위를 도는 천체 중에는 혜성도 있다. 지름 1~10km 정도의 얼음과 바위 덩어리로 타원 궤도를 그리는 경우가 많으며, 태양에 가까워지면 그 열로 수증기와 먼지가 분출되어 긴 꼬리가 형성된다. 이 꼬리는 태양의 중력으로 부서져 작은 파편이 생긴

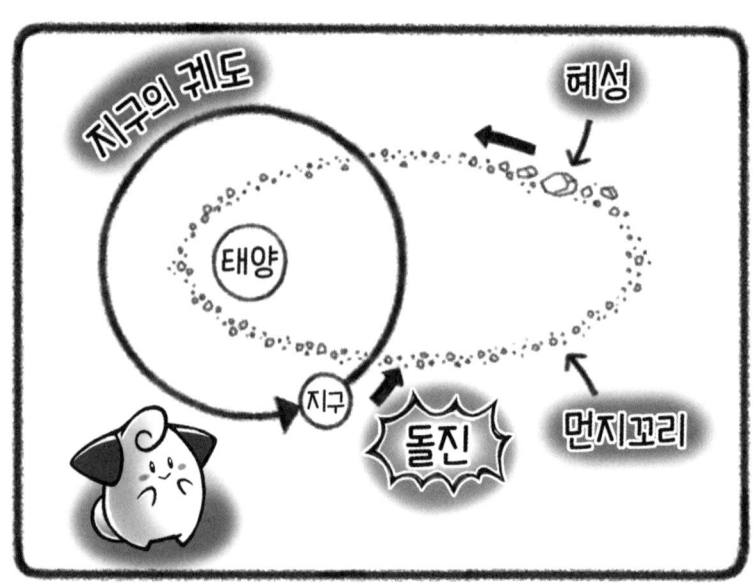

다. 그 파편들은 혜성의 궤도를 따라 일렬로 회전을 계속하며, '먼지꼬리'라는 낭만적인 이름으로 불린다.

이 먼지꼬리는 태양계 여기저기에 있는데, 태양 주위를 도는 지구가 먼지꼬리로 돌진하면 돌고 있던 혜성의 파편 일부가 지구의 대기에 차례차례 부딪히면서 유성군이 발생한다.

각각의 먼지꼬리는 같은 궤도를 돌고 있으므로, 매년 같은 시기에 같은 유성군을 볼 수 있다. 규모가 큰 유성군은 세 가지 정도가 있는데 용자리 유성군은 1월 상순, 페르세우스자리 유성군은 8월 상순~중순, 쌍둥이자리 유성군은 12월 중순에 밤하늘을 수놓는다. 참고로 쌍둥이자리라는 이름이 붙은 이유는 이 유성군이 쌍둥이자리 방향에서 보인다는 뜻일 뿐, 실제 쌍둥이자리 별자리와는 관계가 없다.

◉ 삐와 별똥별의 관계

유성군의 구조는 이해했지만 유성군과 삐는 무슨 관계일까? 해가 뜰 때까지 춤을 춘다는 사실과 별똥별이 떨어진 장소에 산다는 소문을 생각해 보면 상상을 억누를 수 없다.

삐들은 혹시 예전에 별똥별이 아니었을까?

중력으로 인해 지구로 떨어져 지금은 여기 살고 있고, 둥글게 모여 춤추는 까닭은 "여기야, 여기!" 하고 동료들에게 알리기 위해서가 아닐까……?

삐들이 정말로 별똥별이었다면 귀여운 겉모습과는 달리 상당히 강인한 포켓몬이라고 생각된다. 3,000~4,000℃의 고열도, 우주로부터 떨어지는 충격도 견뎠다는 뜻이니까.

삐는 키 0.3m, 몸무게 3.0kg이다. 만약 삐와 비슷한 크기의 동물이 지구에 실제로 존재한다면 그 몸무게는 10kg 정도 된다. 삐의 몸무게는 그 $\frac{1}{3}$이므로, 가벼운 몸무게 덕분에 공기저항으로 제동이 걸려 속도가 떨어졌을 것이다. 계산해 보니 삐가 지구로 돌진하는 속도는 시속 10만km 정도지만 공기저항으로 인해 땅에 부딪힐 때는 시속 95km까지 줄어든다.

그래도 상당한 속도다. 큰 충격을 멀쩡히 견디는 삐가 감탄스럽다.

◉ 부딪힌 쪽은 지구

삐들이 유성군을 향해 "여기야, 여기!" 하고 알리는 데 어떤 의미가 있을까? 생각하다 보니 또 망상이 부풀게 되었다.

먼지꼬리로 돌진한 것은 지구 쪽이다. 우주를 여행하던 삐들을 지구가 덮쳐 땅으로 떨어졌을 가능성도 있다. 그렇다면 삐들은

더 이상 우주로 돌아가고 싶어도 돌아갈 수 없다. 그래서 유성군이 보이는 밤에 모여 우주에 있는 동료들에게 필사적으로 외치는 것 아닐까?

"이쪽으로 오면 안 돼!"

"지구를 피해!"

과학적 망상이 너무 심했나? 하지만 운석처럼 우주에서 떨어져 지구의 일부가 된 천체가 있는 것도 사실이니, 포켓몬 세계에도 여러 가지 이유로 지구의 일원이 된 포켓몬이 있을지도 모른다는 생각이 든다.

하전포켓몬 줄뮤마에게 물리를 배우자

번개를 맞아 전기를 모으는 줄뮤마, 위험하지 않을까?

줄뮤마는 번개를 붙잡아 전기를 모은다고 한다. 전기가 쌓이는 것을 '하전'이라고 하니까 줄뮤마의 분류 명칭인 '하전포켓몬'도 같은 뜻이겠지. 그러나 일반적으로 생각하면 생물이 번개를 맞는 건 너무나 위험하다.

생물의 몸에 강한 전기가 흐르면 근육이 오그라들며, 심장도 멈춰 버린다. 또 물체에 전기가 흐르

줄뮤마 하전포켓몬   타입 전기
▼ 오메가루비
• 키 0.8m
• 몸무게 29.8kg

번개 구름이 하늘을 뒤덮으면 나타난다.
갈기로 번개를 붙잡아 전기를 모은다.

면 열이 발생한다. 번개처럼 강한 전기가 생물의 몸에 흐르면 몸이 타들어 가서 죽는다.

그런데 줄뮤마는 갈기로 그 번개를 아무렇지도 않게 붙잡아 전기를 모으며, 불에 타지도 않는다. 어떻게 그런 일이 가능할까?

◉ 번개는 높은 곳에 떨어진다

번개 전기를 모은 사람으로는 미국의 과학자 '벤저민 프랭클린'이 유명하다. 1752년 프랭클린은 비가 내리고 번개가 치는 날 연을 띄워, 연줄을 통해 내려온 전기를 '레이던병'이라는 축전기(많은 양의 전기를 모으는 장치)에 담았다. 이 실험으로 그는 번개의 정체가 전기라는 사실을 증명했다.

그러나 이 실험은 너무나 위험했다. 프랭클린은 감전되지 않으려고 궁리를 했다지만 당시에는 번개에 대해 잘 몰랐으며, 이 실험을 따라 하다가 목숨을 잃은 과학자도 있었다. 번개가 칠 때는 절대 연을 띄우면 안 된다.

프랭클린이 증명했듯이 번개는 구름에 전기가 쌓이는 현상이다. 구름 위쪽에 양전하(+전기)가, 아래쪽에 음전하(-전기)가 쌓인다. 이 음전하는 바로 아래에 있는 땅으로 양전하를 불러들인다. 그리고 양쪽 전압이 한계에 도달하면 구름에서 땅으로 음전하가 '빠직' 하고 흐르는데, 이것이 바로 번개다.

번개에서 발생하는 전기는 조금이라도 가까운 곳으로 흐르는 성질이 있어서 나무나 탑 등 주위보다 높이 있는 물체가 있으면 그리로 떨어진다. 천둥소리가 나면 건물이나 차 안으로 들어가자. 건물 지붕으로 번개가 떨어져도 그 전기는 건물이나 차 표면을 통과하여 땅으로 흘러가니 안에 있으면 안전하다.

또, 나무나 탑 가까이 가면 그 표면을 흐르는 전기가 내 쪽으로 날아올 수도 있는데, 이는 '측격'이라고 불리는 번개의 위험한 성질이다.

번개의 성질로 볼 때 줄뮤마는 어떻게 번개를 붙잡을까?

줄뮤마의 키는 0.8m밖에 되지 않기 때문에 주위에 높은 건물이라도 있으면 번개를 맞을 수 없다. 그렇다면 높은 나무 옆으로 가서 측격을 맞는 방법이 있다. 또는 쌘비구름이 다가왔을 때 주위에 높은 것이 없는 넓은 들판으로 가서 번개에 직접 맞기를 기다리는 방법도 있다. 두 방법 모두 인간이 따라하면? …… 죽는다.

⊙ 줄뮤마가 번개를 맞아도 괜찮은 이유

번개의 에너지는 엄청나서 그 전압이 무려 1억V나 된다! 가정에서 쓰는 전원의 45만 배다. 줄뮤마는 그런 번개를 몸에 맞아도 괜찮을까?

인간이 번개를 맞으면 위험한 이유는 머리로 떨어진 번개가 몸을 뚫고 나가기 때문이다. 인간의 몸은 물론, 모든 물질에는 전기가 많이 포함되어 있다. 양전하와 음전하, 양쪽 전기가 같은 정도로 흐르고 있기 때문에 전기가 없는 것처럼 보일 뿐이다. 인간의 몸에 번개가 떨어지면 몸 안의 전기가 발에서 땅으로 흐른다. 이 과정 중에 근육이 오그라들고 열이 발생한다.

그러나 줄뮤마의 발굽이 전기가 통하지 않는 물질로 이루어져 있다면 이야기가 달라진다. 번개가 치더라도 줄뮤마의 몸에 가득 찬 전기가 발굽에서 멈추므로 전기가 몸을 뚫고 나갈 수 없다. 그리고 만약 몸 안에 전기를 모으는 구조가 갖추어져 있다면 줄뮤마의 갈기에 닿은 전기는 몸을 뚫고 나가지 않고 그대로 갈기에 모이기 때문에 피해를 입지도 않을 것이다. 아마도 줄뮤마의 몸은 이렇게 이루어져 있지 않을까?

　전기가 통하지 않는 물질로 고무가 있지만 긴 고무장화 정도면 번개만큼 강한 전기는 흘러 버린다. 또 장화가 비에 젖기라도 하면 물을 통해 땅에 전기가 흘러 버린다. 물은 전기가 통하기 쉽다. 만약 줄뮤마도 발굽이 젖어 있으면 위험할지도 모른다.

◉ 에너지를 얼마나 모을 수 있을까?

줄뮤마가 번개로 모을 수 있는 전기는 과연 얼마나 될까?

전기 에너지는 '전압×전류×전기가 흐른 시간'으로 결정된다. 번개의 전압은 앞에서 설명했듯이 1억V다. 전류도 세서 10만A다! 가정에서 사용하는 전기의 3,000배 위력이다. 번개의 전기가 흐르는 시간은 짧아서 0.00008초 정도다.

이를 토대로 계산하면 줄뮤마는 번개 한 방에 약 20만kcal의 에너지를 모을 것이 분명하다. 몸무게 29.8kg인 줄뮤마가 기운차게 달리면 하루에 4,600kcal를 소비한다는 계산이 나오니까 44일치 에너지다. 줄뮤마가 번개를 한 방 맞으면 여름방학보다도 긴 기간 동안 건강하게 활동할 수 있다. 게다가 전기이므로 아무리 몸에 쌓아 두어도 살이 찌지 않을 테니 놀랍다.

대단한 포켓몬이지만 줄뮤마라서 가능한 능력일 뿐, 인간은 번개 가까이 가면 목숨을 잃을 위험이 있으니 부디 조심하자.

석탄포켓몬 코터스에게 화학을 배우자

등껍질에서 석탄을 태우며 살아가는 코터스의 하루하루

코터스는 등딱지의 빈 곳에 석탄을 넣는다고 한다. 그리고 '석탄을 태워서 에너지를 만들어 낸다. 불의 기세가 약해지면 기운이 없어져 싸울 때는 석탄을 많이 태운다' 알파사파이어. 즉 석탄 에너지로 살고 있는 포켓몬이다.

석탄이란 단어를 들으면 증기 기관차가 떠오른다. 석탄은 예전에는 최고의 연료로 '검은 다이

코터스 석탄포켓몬 　타입
▼ 오메가루비
● 키 0.5m
● 몸무게 80.4kg

산을 파서 석탄을 발견하면 부지런히 등껍질의 빈 곳에 넣고 태우는 포켓몬이다. 습격당하면 검은 연기를 내고 도망간다.

아몬드'라고 불렸다. 몇억 년 전의 나무가 흙에 묻혀 흙과 모래의 무게로 돌처럼 변한 것이 석탄인데, 대부분 탄소로 이루어져 있어서 잘 탄다. 유럽에서는 옛날부터 난방과 요리할 때 쓰였으며, 1769년 '제임스 와트'가 증기엔진 개량에 성공한 뒤로는 증기기관차와 선박을 움직이는 연료로 시대를 이끌었다.

그러나 석탄의 최고 전성기는 100년 정도 전에 끝났다. 연료의 왕 자리를 석유에게 빼앗긴 뒤로 점점 소비량이 감소했으며, 증기기관차도 1950년대 이후로 그 숫자가 줄었다.

코터스가 석탄에서 에너지를 얻는다니 어쩐지 걱정되지만 그 구조를 한번 살펴보자.

⊙ 증기기관차의 구조

'자동차, 선박, 증기기관차가 석유나 석탄으로 움직인다'고 간단히 말하기에는 설명이 부족하다. 자동차나 선박 등을 움직이는 엔진과 증기기관은 구조가 많이 다르기 때문이다.

　현재의 선박이나 승용차는 석유에서 정제한 휘발유나 중유를 엔진 안에서 태운다. 석유는 먼 옛날에 살았던 동물의 화석이 액체화된 연료로 탄소와 수소로 이루어져 있다. 탄소가 연소되면 이산화탄소가, 수소가 연소되면 수증기가 되어 크게 팽창하여 그 힘으로 타이어나 스크루를 회전시킨다.

　증기기관차는 가마 안에서 석탄을 태운 열로 탱크의 물을 끓여 발생하는 수증기의 힘이 피스톤이라는 장치를 통해 바퀴를 회전시키는 힘으로 바뀐다. 역할을 마친 수증기는 증기(김)가 되어 연

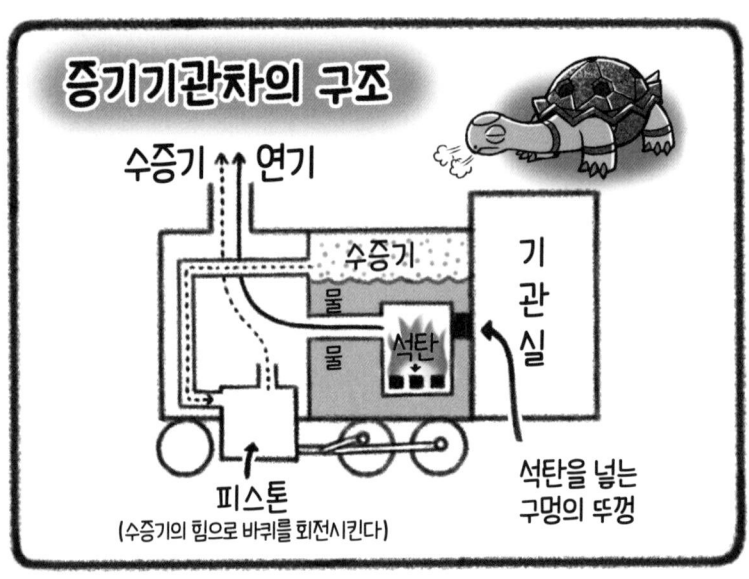

기와 함께 굴뚝을 통해 밖으로 빠져 나온다.

　도감에 실린 그림의 코터스를 보면 등딱지 위로 자욱하게 연기가 올라가고, 코에서도 아래쪽으로 비스듬히 김 같은 연기를 세게 내뿜는다. 코터스도 석탄을 태운 열로 물을 끓여 발생하는 수증기의 힘으로 움직일까? 그렇다면 코터스가 건강하게 활동할 때의 체온은 상당히 높을 것이 틀림없으니 아무 생각 없이 만지면 화상을 입을 수도 있다.

⊙ 석탄을 사용하지 않게 된 이유

　코터스와 석탄의 관계에 대해 이런 설명도 있다.

　'사용할 수 없게 된 탄광에는 많은 코터스가 살며 석탄을 부지런히 캐고 있다.' ✕

　탄광은 석탄을 캐기 위한 시설로 우리나라에도 많이 만들어졌다. 그러나 석유의 수요가 늘어나기 시작하면서 1980년대부터 차례차례 채굴을 중단하게 된다. 석탄은 왜 석유에게 자리를 빼앗기게 되었을까?

　석탄은 석유에 비해 같은 질량당 발생하는 열이 절반밖에 되지 않아 에너지 효율이 적다. 또 파이프 안을 자유자재로 흐를 수 있는 석유와 달리 고체인 석탄은 기계 안에서 사용하기 어렵다.

게다가 석탄을 태우는 증기기관은 물을 대량으로 끓이지 않으면 작동하지 않는다. 대형 증기기관차는 석탄을 태워 물이 끓을 때까지 꼬박 하루가 걸린다고 한다. 그리고 석탄은 탄소만으로 이루어져 있어서 지구온난화의 원인인 이산화탄소를 석유보다 많이 배출한다. 석탄을 점점 사용하지 않게 된 것이 당연할지도……. 그러나 석탄은 가격이 싸다는 장점도 있어 제철소나 화력발전소 등에서는 아직도 사용하고 있다.

◉ 검은 연기를 내뿜으면 위험해

흥미로운 점은 코터스가 가끔씩 검은 연기를 내뿜는 것이다.

'습격당하면 검은 연기를 내고 도망' 오메가루비 치거나 '위급할 때는 까만 그을음을 뿜어낸다' 블랙2 화이트2 는데, 즉 공격당하거나 위기 상황에는 검은 연기나 그을음을 내뿜는다는 이야기다.

그을음이란 연소되지 못한 석탄 알갱이다. 증기기관차는 가파른 언덕길로 들어서면 바퀴의 힘을 세게 하려고 석탄을 계속해서 태우기 때문에 굴뚝에서 나오는 연기나 증기도 많아지고, 쌓여 있던 그을음을 세게 뿜어내게 된다. 습격당하거나 위기 상황에 석탄을 계속 태워서 쌓여 있던 그을음을 배출하는 거라면, 코터스도 매우 과학적인 포켓몬이다.

하지만 불완전연소가 발생했을 때도 검은 연기가 배출될 수 있다. 석탄은 산소가 많으면 타면서 무색의 투명한 이산화탄소를 배출한다. 그러나 산소가 부족하면 화력이 약해져 그을음과 유독가스인 일산화탄소를 배출하는데, 이 현상이 불완전연소다.

그대로 방치하면 큰일이다. 증기기관차의 기관사는 연기 모양으로 기관차의 상태를 알 수 있다니, 코터스의 연기 모양에도 신경을 써 주자.

괴력포켓몬 알통몬에게 물리를 배우자

어른 100명을 내던지는 알통몬의 체력 단련법은?

체력 단련을 좋아하는 포켓몬인 알통몬.

몸을 단련하려면 매일매일 노력을 게을리 하지 않아야 하는데 알통몬의 경우 '데구리를 들어 올려 몸을 단련한다. 모든 격투기를 마스터하기 위해 전 세계를 여행하는 알통몬도 있다' 알파사파이어 고 한다. 그런 노력이 쌓여 어른 100명을 내던질 수 있게 되었을까?

알통몬 괴력포켓몬 타입 격투
▼ 오메가루비
• 키 0.8m
• 몸무게 19.5kg

아무리 운동을 해도 아프지 않은 특별한 근육을 가진 포켓몬이다. 어른 100명을 내던지는 파워다.

과연 대단한 포켓몬이다.

알통몬은 키 0.8m, 몸무게 19.5kg밖에 되지 않는다. 키는 18개월 된 유아, 몸무게는 6세 어린이 정도다. 성인 남성의 평균 몸무게가 65kg이니 자기보다 세 배나 무거운 어른을 100명이나 내던질 수 있다는 얘기다. 두려울 수밖에 없는 팔 힘과 노력이다.

● 힘도 기술도 단련 중

'어른 100명을 내던진다.'

포켓몬 도감의 이 표현에서 두 가지 가능성을 읽어 낼 수 있다.

① 100명을 한 번에 내던지는 경우

이게 가능하다면 알통몬은 순간 파워가 뛰어나다는 얘기다. 어른의 몸무게 65kg×100명=6.5t이다. 현실 세계로 말하자면 아프리카 코끼리나 중형 버스를 내동댕이치는 셈이다.

② 100명을 차례차례 내던지는 경우

이게 가능하다면 지구력이 대단하다는 얘기다. 어른 한 명을 내던지는 데 3초가 걸린다고 가정하면, 100명을 던지는 데 300초=5분이 걸린다. 올림픽 유도 경기 시간이 5분인데, 5분 동안 계속해서 자기보다 세 배나 무거운 사람을 3초에 한 명씩 내동댕이친다! 이런 기술이 가능한 유도 선수는 없을 것이다.

대단한 팔 힘의 소유자 알통몬의 체력 단련법은 데구리 들어 올리기다. 데구리의 몸무게는 105kg으로 알통몬의 5.4배나 된다. 65kg인 사람이 350kg짜리 그랜드피아노를 들어 올리며 체력을 단련하는 셈이다. 훈련에 협조해 주는 데구리도 대단하지만 데구리로 진화하기 전 단계인 꼬마돌의 경우 '꼬마돌쯤은 몇 마리라도 한꺼번에 가뿐히 들어올려서 날려 버린다' 블랙 2 화이트 2 니, 꼬마돌이 좀 안됐다는 생각도 든다.

알통몬은 힘뿐만 아니라 기술도 연마한다. 세상의 모든 격투기를 배우려고 전 세계를 돌아다닌다니 꽤 고달플 것 같다.

현실 세계의 격투기 중 생각나는 것만 나열해 봐도 권투, 태권도, 킥복싱, 무에타이, 가라테, 태극권, 카포에이라(브라질 전통무술), 사바트(프랑스 무술), 유도, 합기도, 삼보(러시아의 격투기), 씨름, 스모, 부흐(몽골의 씨름)…….

아무리 나열해도 끝이 없네. 그 많은 격투기를 전부 배우려는 알통몬의 열정이 대단하다.

◎ 특별한 근육

그런 알통몬의 격투기 인생을 뒷받침해 주는 것은 '아무리 운동을 해도 아프지 않은 특별한 근육' 덕분일 텐데, 도대체 어떤 근

괴력포켓몬 알통몬에게 물리를 배우자

육일까?

인간은 심한 운동을 하면 다음 날이나 며칠 뒤에 근육통이 생긴다. 그 원인으로는 근육이 다치기 때문이라는 설이 있다. 확실히 인간의 근육은 다치게 되면 예전보다 강해져서 재생된다. 이를 이용해서 근육을 적당히 다치게 해서 조금씩 강화하는 것이 근력 운동이다.

아무리 운동해도 아프지 않은 알통몬의 근육은 다칠 일도 없고, 근육을 강화하는 원리도 인간과는 근본적으로 다를 것이 분명하다. 오히려 강한 힘을 받을 경우 알통몬의 근육은 다치지 않고 곧바로 두꺼워질지도 모른다.

알통몬이 아침부터 밤까지 운동할 수 있는 것도 특별한 근육 덕분일 것이다. 인간은 근육을 너무 단련하면 제때 재생되지 않거나 스트레스를 받아 오히려 근육이 오그라들어 힘든 운동을 한 날이나 그다음 날은 푹 쉬어야 한다.

◉ 점점 강해지는 알통몬

혹독한 하루하루를 보내는 알통몬은 얼마나 강력해질까? 알통몬이 진화한 근육몬과 괴력몬으로 그 결과를 확인해 보자.

근육몬은 '한 손으로 덤프트럭을 들어올리는' 힘의 소유자다. 덤프트럭의 무게는 평균 6t 정도다. 근육몬이 이 무게를 한 손으로 들어 올릴 경우 양손이면 12t을 들어 올릴 수 있겠지. 105kg인 데구리를 들어 올리는 알통몬에 비하면 근력이 114배나 늘어났다.

괴력몬으로 진화하면 더 대단하다. '4개의 팔에 잡히면 그대로 끝이다. 지평선 너머까지 집어던져 버린다' 알파사파이어 . 괴력몬에 의해 날아갈 가엾은 상대방이 키 170cm, 몸무게 65kg인 현실 세계의 사람이라고 가정해 보자. 지구는 둥글기 때문에 사람이 똑바로 섰을 경우 4.6km 이상부터는 보이지 않는데, 그 한계선이 그 사람의 지평선이다. 즉 지평선 너머라면 65kg의 사람이 4.6km나 날아가는 것이다. 이걸 해 내는 괴력몬의 힘은 1,460t으로, 근육몬의 120배, 알통몬의 14,000배다!

대단하다. 알통몬은 우리에게 노력하면 엄청난 진보를 이룰 수 있다는 교훈을 주는 포켓몬이다.

임금포켓몬 야도킹에게 생물을 배우자

셀러에게 머리를 물려 똑똑해진 야도킹!

별난 포켓몬이 많지만 야도킹은 그중에서도 특이하다. 야도킹으로 진화하기 전 단계인 얼간이포켓몬 야돈은 '꼬리를 강에 넣고 먹이를 낚지만 이윽고 무엇을 하고 있었는지 잊고 강변에 엎드려 누운 채로 하루를 보낸다' 오메가루비 알파사파이어 고 한다. 착한 것 같긴 한데 비실비실 힘 빠지는 녀석이다.

야돈이 셀러에게 꼬리를 물리면 야

야도킹 임금포켓몬

타입 물 에스퍼
- 키 2.0m
- 몸무게 79.5kg

▼ 오메가루비 · 알파사파이어

세계의 불가사의를 밝혀내기 위해 매일 연구하고 있지만 머리에 있는 셀러가 벗겨지면 전부 잊어버리는 것 같다.

도란으로 진화하고, 특정 포켓몬을 진화시키는 왕관 모양의 돌인 '왕의징표석'을 가진 상태에서 물리면 야도킹으로 진화한다. 야도란은 '멍하게 있는 야도란이지만 셀러가 강하게 꼬리를 물 때 무언가가 번뜩이는' 블랙2 화이트2 것처럼 두뇌 활동이 활발해진다.

야도킹은 '물렸을 때 머리에 깊게 스며든 독소에 의해 심상치 않은 능력에 눈을 뜬 야돈' Y 인데, '셀러에 물린 것을 계기로 노벨상을 수상한 과학자 수준의 지능을 얻었다' 블랙2 화이트2 고 한다. 자기가 뭘 하는지도 잊어버리던 포켓몬이 노벨상급 두뇌의 소유자가 되다니! 대단하다. 부럽다. 그런 일이 일어날 수만 있다면 내 머리도 좀…….

야도킹의 수수께끼를 중심으로 머리와 뇌에 대해 생각해 보자.

◉ 기억이란 무엇일까?

야도킹은 노벨상급의 두뇌를 얻어 여러 가지를 연구하지만 셀러가 벗겨지면 기억을 잃는다. 너무 안타깝다. 어째서 그렇게 되는지를 밝혀내려면 먼저 기억의 구조를 살펴보아야 한다.

기억이란 경험하거나 스스로 생각한 것을 뇌에 저장해 두는 능력이다. 뇌에 관한 연구로 기억은 세 종류로 나뉜다는 사실이 알려졌다.

① 최대 1분 정도 계속되는 기억
→ 정보가 뇌 안을 잠시 돌아다니다가 곧 사라진다. 예) 스쳐지나간 사람의 옷차림
② 최대 며칠동안 계속되는 기억
→ 정보가 뇌 중심부에 있는 '해마'를 통과함에 따라 기억이 강화된다. 예) 밤샘 공부
③ 최대 평생 계속되는 기억
→ 뇌세포 사이에 새로운 연결고리가 생겨 정보가 오래 보존된다. 예) 좋아하는 포켓몬 이름

기억은 상황이나 훈련으로 그 종류가 바뀔 수 있다. 예를 들어 ①의 기억 중 인상이 강렬했거나 기억하려고 노력하면 ②가 된다. 또 ② 중에서도 중요한 기억은 자는 동안 해마의 신호로 뇌가 자극되어 세포와 세포 사이에 연결고리가 만들어져 ③이 된다.

그러므로 잠자는 시간을 줄여 가며 공부하면 새로운 연결고리가 충분히 만들어지지 못해 그다지 오래 기억할 수 없다. 중요한 것을 오래 기억하려면 충분한 수면이 필요하다.

◎ 셀러가 벗겨지면 기억을 잃는 이유

기억의 시스템을 고려할 때, 머리에 있는 셀러가 벗겨지면 전부 잊어버린다는 건 무슨 의미일까?

만약 셀러에게 물린 이후 만들어지는 기억이 '③평생 계속되는 기억'이라면, 이는 야도킹의 뇌가 스스로 성장했다는 뜻이므로 셀러가 벗겨지더라도 기억이 사라지지 않을 것이다. 결국 잊어버린다는 것은 셀러에게 물림으로써 야도킹의 해마에 해당하는 부분의 활동이 활발해져 당분간 지속되는 ②의 기억을 만들었을 가능성이 크다.

셀러가 머리에서 벗겨질 때마다 야도킹의 연구가 백지상태로 되돌아간다니 정말 안타깝다. 셀러는 제발 야도킹의 머리에서 떨어지지 않았으면 좋겠다.

하지만 야도킹의 머리를 문 채로는 먹이도 먹을 수 없을 테니 셀러의 입장도 곤란하겠지. 그런 까닭에 셀러의 식사 시간이 되면 야도킹의 위대한 연구는 백지상태로……. 그렇다면 야도킹은 연구 내용을 노트에 기록해 둘 수밖에 없지 않을까?

◎ 오히려 놀라운 것은 셀러

야도킹을 조사하다가 또 하나 새롭게 알게 된 사실이 있다.

셀러의 분류 명칭은 '두조개포켓몬'인데, 야도킹의 머리를 물고 있는 셀러는 아무리 보아도 두조개(이매패류)가 아니다. 끝부분이 뾰족하고 여기저기 뿔이 나 있는 등 소라 같은 권패류의 특징이 발견된다.

이매패류와 권패류는 둘 다 조개 종류이지만 생물학적으로는 상당히 먼 관계다. 인간(포유류)과 뱀(파충류) 정도의 거리다. 그렇게 생각하면 야돈에서 야도킹으로 진화한 것보다 이매패류에서 권패류로 바뀐 셀러의 변화가 과학적으로는 더 충격적이라고 할 수 있다.

즉, 야도란, 야도킹과 셀러의 관계는 아주 밀접하다. 현실 세계에서도 눈에 띄는 꽃을 피우는 식물은 곤충과 함께 진화해 왔다. 곤충은 꽃의 꿀과 꽃가루를 쉽게 모을 수 있게 되었고, 식물은 꽃가루를 효율적으로 옮길 수 있게 되었다. 이렇게 종류가 다른 생물이 서로 도우며 진화하는 것을 '공진화'라고 하며 야도란, 야도킹과 셀러의 관계도 이와 비슷하므로 당연히 이에 대한 과학적인 호기심도 끝없이 계속될 것이다.

무지개색포켓몬 칠색조에게 물리를 배우자

칠색조의 깃털이
일곱 빛깔로
반짝이는 비밀

포켓몬 도감에서 칠색조의 그림을 보면 날개 앞쪽은 오렌지색, 뒤쪽은 연두색이다.

'어, 해설에는 일곱 빛깔로 반짝이는 깃털이라고 했는데?' 하고 이상하게 생각한다면 독자 여러분은 해설을 건성으로 읽은 것이다. 잘 읽어 보면 '빛이 닿는 각도에 따라'라고 쓰여 있는 것을 알 수 있다. 칠색조 깃털의 일곱 가지 빛깔은 앵무새

칠색조 무지개색포켓몬   타입 불꽃 비행
▼ 오메가루비・알파사파이어
• 키 3.8m
• 몸무게 199.0kg

빛이 닿는 각도에 따라 일곱 빛깔로 반짝이는 깃털은 행복을 가져다준다고 한다. 무지개 끝에 산다고 전해진다.

처럼 원래 형형색색 화려한 것이 아니고, 비단벌레나 무지개사슴벌레처럼 보는 각도에 따라 여러 가지 색으로 빛나는 것이다.

어째서 보는 각도에 따라 색이 달라질까? 현실 세계의 곤충을 예로 들어 칠색조의 수수께끼에 대해 생각해 보자.

◎ 비눗방울은 왜 무지개색일까?

비단벌레의 날개는 보는 각도에 따라 색깔이 변한다. 땅 위에 무지개가 드리운 느낌으로 보이는데, 그 이유는 무엇일까?

비눗방울도 무지갯빛으로 보이지만 사실은 비눗물의 투명하고 얇은 막일 뿐, 실제로는 무지갯빛이 아니다. 투명한데도 무지갯빛으로 보이는 이유는 햇빛에 여러 가지 색의 빛이 섞여 있기 때문이다.

36쪽 〈데덴네〉 부분에서 설명했듯이 빛의 색깔은 파장으로 결정된다. 파장이 긴 빛은 인간의 눈에 빨간색으로 보이며, 짧은 빛은 보라색으로 보인다. 무지개의 색깔은 위에서부터 '빨강→주황→노랑→초록→파랑→남색→보라' 순서이며, 이는 파장이 긴 차례다.

그리고 투명한 막은 얇을수록 파장이 짧은 보라색 빛을 반사하며 두꺼울수록 파장이 긴 빨간색 빛을 반사한다.

여기서 '비눗방울의 막은 다 같은 두께 아닌가?' 하고 생각한 독자는 예리하다. 비눗방울의 막 두께는 1만 분의 몇 mm 정도로, 하나의 비눗방울은 두께가 거의 같다. 그러나 빛이 닿는 각도는

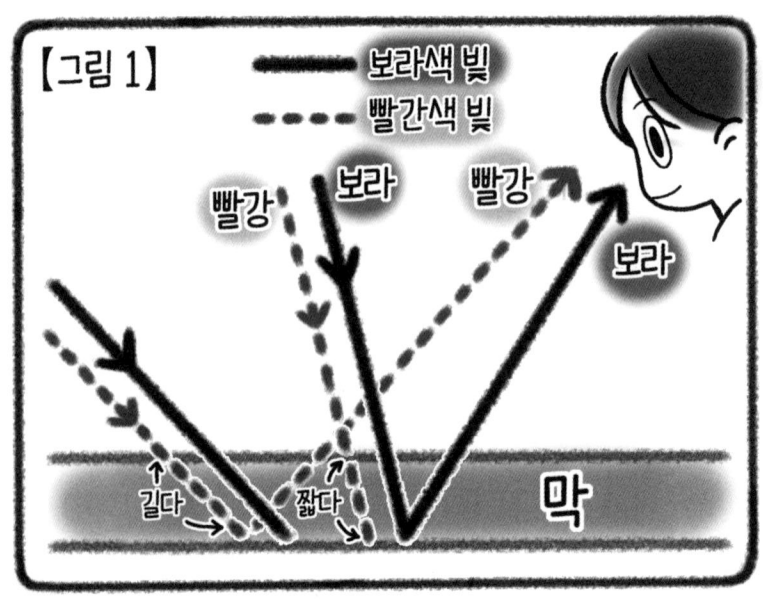

다양해서 비스듬히 들어간 빛은 똑바로 들어간 빛보다 막 안에서 긴 거리를 이동하게 된다【그림 1】. 그 경우 두꺼운 막을 통과하는 것과 같은 결과가 된다.

결과적으로 빛이 비스듬히 들어가면 빨간색 빛이 잘 반사되며, 똑바로 들어가면 보라색 빛이 잘 반사된다. 비눗방울이 여러 가지 색깔로 보이는 이유다.

그렇다면 비단벌레는 왜 무지갯빛으로 보일까? 몸이 비눗방울처럼 얇지도 않은데…….

비단벌레는 날개 표면이 얇고 투명한 막으로 덮여 있다. 그 재질은 '큐티쿨라'라는 단백질이다. 영어로는 '큐티클', 즉 인간의 머리카락을 감싸는 얇은 막과 같은 물질이다. 따라서 비단벌레의 날개도 비눗방울과 마찬가지로 무지갯빛으로 빛나며, 인간의 머리카락도 햇빛이 닿는 방향에 따라 무지갯빛으로 빛나 보인다.

◉ 무지개 끝은 어디일까?

비눗방울이나 비단벌레가 무지갯빛으로 빛나는 이유는 이해했을 것이다. 칠색조의 깃털도 얇고 투명한 막에 싸여 있지 않을까? 그런데 과학적으로 더 고민되는 것은 '무지개 끝에 산다고 전해진다'는 부분이다. 무지개 끝이라니, 거기가 어디지?

무지개는 비가 그친 뒤 볼 수 있다. 비가 그치면 하늘에 수많은 물방울이 떠다니면서 햇빛을 반사하여 무지개가 된다.

햇빛은 물방울에 반사될 때 【그림 2】처럼 보라색 빛은 예리한 각도로 휘어져 위쪽으로 올라간다. 빨간색 빛은 완만한 각도로 휘어져 아래쪽으로 내려간다.

인간의 눈을 한 지점으로 가정해 보면, 【그림 3】처럼 위쪽에 있는 물방울이 아래로 튕겨낸 빨간색 빛이 위에서 보이며, 아래쪽에 있는 물방울이 위로 튕겨낸 보라색 빛이 아래에서 보인다. 그래서 무지개는 위가 빨간색, 아래가 보라색이다. 무지개의 색깔을

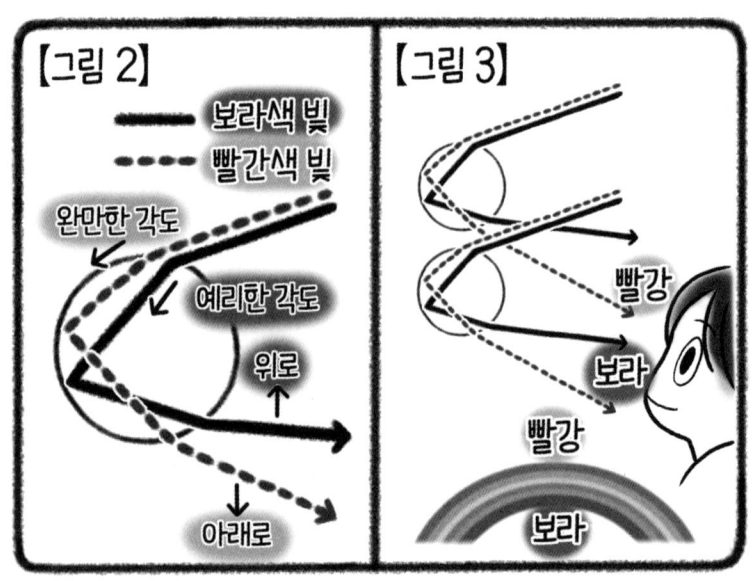

일곱 가지로 나눈 사람은 영국의 과학자 '뉴턴'이며, 여섯 가지나 다섯 가지 색깔로 나누는 지역도 있다.

수증기 한 방울 한 방울이 반사하는 빛은 약하지만 같은 방향에 있는 물방울은 모두 같은 색의 빛을 반사하므로 인간의 눈에는 아치 모양의 띠처럼 보인다. 무지개는 하늘에 실제로 존재하는 것이 아니라 인간의 눈에 거기에 있는 것처럼 보일 뿐이다.

그렇다면 칠색조가 사는 무지개 끝이란?

그렇다. 먼 곳에 존재하는 것이 아니라 보는 사람의 마음속에 있을지도 모른다. 그러니까 칠색조의 빛나는 깃털이 행복을 가져다 줄지 아닐지는 칠색조를 보는 여러분에게 달린 것 아닐까?

유전포켓몬 뮤츠에게 생물을 배우자

뮤츠를 난폭하게 만든 유전자조작이란?

뮤츠는 사람을 자꾸 고민하게 만드는 포켓몬이다. '유전자조작을 통해 만들어진 포켓몬이다. 인간은 과학의 힘으로 몸은 만들었지만 상냥한 마음을 만들 수는 없었다'는 해설은 마음을 너무 아프게 한다.

뮤츠는 '뮤의 유전자를 재구성해서 만들어졌다. 포켓몬 중에서 가장 난폭한 마음을 가지고 있다고 한다.' `블랙 2` `화이트 2`

뮤츠는 아주 강력한 포켓몬이지만

뮤츠 유전포켓몬 타입 에스퍼
- 키 2.0m
- 몸무게 122.0kg

▼ 오메가루비 · 알파사파이어

유전자조작을 통해 만들어진 포켓몬이다. 인간은 과학의 힘으로 몸은 만들었지만 상냥한 마음을 만들 수는 없었다.

인간을 증오하며 다른 포켓몬에게도 공격적이다. 인간과 과학의 힘으로 그런 존재가 된 뮤츠가 정말 불쌍하다.

뮤츠가 이런 특징을 가지게 된 것은 유전자조작 때문이다. 현실 세계에서도 이루어지는 유전자조작이란 과연 어떤 기술일까? 정말로 뮤츠와 같은 비극적인 생물을 만들어 낼 가능성이 있을까?

◉ 유전자조작이란?

현실 세계의 생물의 몸은 단백질로 이루어져 있다. 어떤 단백질이 만들어지는지에 따라 각각의 겉모습이나 성질이 결정되며, 유전자는 그 설계도에 해당된다. 유전자는 DNA라는 사슬 모양의 물질에 새겨져 있으며, DNA는 세포의 핵에 있다.

그럼 유전자를 어떻게 재구성할까? 현실 세계의 대표적인 방법은 DNA를 추출해서 떼어 낸 뒤 다른 생물에서 추출한 유전자를 그 사이에 끼워 넣는 것이다.

예를 들어 세균에서 얻은 유전자를 옥수수의 DNA에 혼합하면 병충해에 강한 옥수수를 만들 수 있다. 농약을 뿌려도 시들지 않는 감자를 만드는 것도 가능하다. 2012년 노벨상을 수상한 iPS세포(인공만능세포, 유도만능줄기세포)도 인간의 피부 등의 DNA에 네 개의 유전자를 끼워 넣음으로써 어떤 장기로도 될 수 있게 만든 것이다.

이처럼 유전자조작은 농작물의 수확량을 늘리거나 질병을 치료하는 등 인간의 행복을 위한 기술이 원래 목적이었으며, 지금도 계속 발전하고 있다.

그러나 개발된 지 얼마 되지 않은 기술이기 때문에 유전자가 재구성된 농작물을 계속 먹으면 인체에 어떤 영향을 미칠지에 대한 자료가 부족하다. 또한 존재하지 않았던 식물을 만듦으로써 생태계에 영향을 미치지 않을까 하는 지적도 있다. 유전자조작에 찬반양론이 팽팽한 것도 그 때문이다.

◎ 포악해질 가능성

유전자를 조작하면 뮤를 뮤츠로 만들 수 있을까?

그럴 생각만 있다면 가능할 것 같다. 인간과 침팬지는 유전자 중 98%가 같다. 불과 2%의 다른 유전자 때문에 겉모습과 지능에 큰 차이가 생긴 것이다.

  뮤의 유전자를 조작한 과학자도 아주 약간의 유전자를 덧붙이거나 제거해서 뮤츠를 만들었을지도 모른다.

  인간의 뇌는 형태와 기능에 따라 여러 부분으로 나뉘어지는데, 중심부에서 '좋다', '싫다', '안심된다', '무섭다' 등 단순한 기분이 생기고 그 주변에서 '먹고 싶다', '자고 싶다'는 본능이 생기며 가장 바깥쪽의 대뇌겉질에서 사고나 예측, 본능을 조절한다. 뮤의 뇌가 인간의 뇌와 같은 구조일 경우 대뇌겉질을 만드는 유전자를 제거해 버리면 뮤츠는 본능에 따라 행동하는 생물이 된다. 동시에 다른 생명을 배려하거나 미래에 대한 희망을 품는 것도 완전히 불가능해진다.

  상냥한 마음을 키우는 것은 유전자가 아니라 인간이 태어나서부터 쌓는 경험이다. 그러나 유전자조작에 의해 처음부터 마음 자체가 얼어 버리면 아무것도 할 수 없다. 그렇게 생각하니 뮤츠를 만든 과학자는 정말 반성하길 바라며, 현실의 과학자들도 보다 더 신중하게 연구했으면 좋겠다는 생각이 든다.

◉ 놀랄 만한 포켓몬의 유전자

  비운의 포켓몬 뮤츠는 뮤에서 태어났다. 그럼 뮤는 어떤 포켓몬이었을까? 도감의 해설을 읽어 보면, 놀랄 수밖에 없다.

'모든 기술을 사용하기 때문에 포켓몬의 조상이라고 생각하는 학자가 많다.' 블랙2 화이트2

'모든 포켓몬의 유전자를 가졌다고 한다.' 오메가루비 알파사파이어

포켓몬의 조상일지도 모른다고?

모든 포켓몬의 유전자를 갖고 있다고?

그런가? 현실 세계의 생물과 비교하면 정말 놀랍다.

우리 인간을 포함한 모든 생명의 조상은 현미경으로 겨우 보일 정도로 작은 40억 년 전의 세균이다. 그 몸은 하나의 세포로만 이루어졌으며 유전자도 단순했다. 그때부터 유전자가 조금씩 늘어났으며, 늘어난 유전자의 차이에 따라 다양한 생물로 진화한 것이다.

하지만 포켓몬의 경우는 조상인 뮤가 모든 포켓몬의 유전자를 가졌다고 하니, 거기서부터 점점 유전자가 줄어들어 그 줄어든 유전자의 차이에 따라 피카츄, 그란돈, 메타몽이 된 것일까?

음, 현실 세계의 생물과는 정반대인 너무나 놀라운 이야기다. 포켓몬의 세계가 심오한 이유도 왠지 이해가 간다. 파고들수록 끝이 없는 매혹적인 세계다.

유전포켓몬 뮤츠에게 생물을 배우자

SANGSANGCHOWOL POKÉMON GWAHAK YEONGUSO VOL.2
POKÉMON KUSOKAGAKU DOKUHON VOL.2
By Rikao YANAGITA, Kagemaru HIMENO, POKÉMON Co.,INC.
ⓒ2021 Rikao YANAGITA ⓒ2021 Kagemaru HIMENO
ⓒ2021 Pokémon.
ⓒ1995-2021 Nintendo/Creatures Inc./GAME FREAK inc.
All rights reserved
Original Japanese edition published by OVERLAP.
Korean translation rights in Korea arranged with OVERLAP.
포켓몬스터, 포켓몬, Pokémon은 Nintendo의 상표입니다.
본 제품은 한국 내 독점적 저작권 관리자인 ㈜포켓몬코리아와의 정식계약에 의해 생산되므로 무단 복제 시 법의 처벌을 받게 됩니다. 한국 내에서만 판매 가능.

상상초월 포켓몬 과학 연구소 2

지은이 야나기타 리카오
그린이 히메노 가게마루
옮긴이 정인영
협력 포켓몬주식회사

1판 1쇄 발행 2017년 6월 10일
1판 12쇄 발행 2024년 10월 18일

펴낸이 김영곤
프로젝트2팀 김은영 이은영 권정화 우경진 오지애 김지수 박시수 **디자인** 강홍주
아동마케팅 장철용 황혜선 양슬기 명인수 이규림 손용우 최윤아 송혜수 이주은
영업 변유경 김영남 강경남 황성진 김도연 권채영 전연우 최유성
해외기획 최연순 소은선 홍희정 **제작** 이영민 권경민

펴낸곳 (주)북이십일 아울북
출판등록 2000년 5월 6일 제406-2003-061호
주소 (우10881) 경기도 파주시 문발동 회동길 201
대표전화 031-955-2100 **팩스** 031-955-2177
홈페이지 www.book21.com

ISBN 978-89-509-6948-6
ISBN 978-89-509-6949-3 (세트)

* 책값은 뒤표지에 있습니다.
* 이 책 내용의 일부 또는 전부를 재사용하려면 반드시 ㈜북이십일의 동의를 얻어야 합니다.
* 잘못 만들어진 책은 구입하신 서점에서 교환해 드립니다.

• 제조자명: (주)북이십일
• 주소 및 전화번호: 경기도 파주시 회동길 201(문발동) / 031-955-2100
• 제조연월: 2024.10.18.
• 제조국명: 대한민국 • 사용연령: 5세 이상 어린이 제품